城市轨道交通
高架桥梁景观及降噪技术研究

CHENGSHI GUIDAO JIAOTONG
GAOJIA QIAOLIANG JINGGUAN JI JIANGZAO JISHU YANJIU

主　编｜槐燕红　高雪香　魏晓军
副主编｜周　涛　曾光勇　苏艳芳

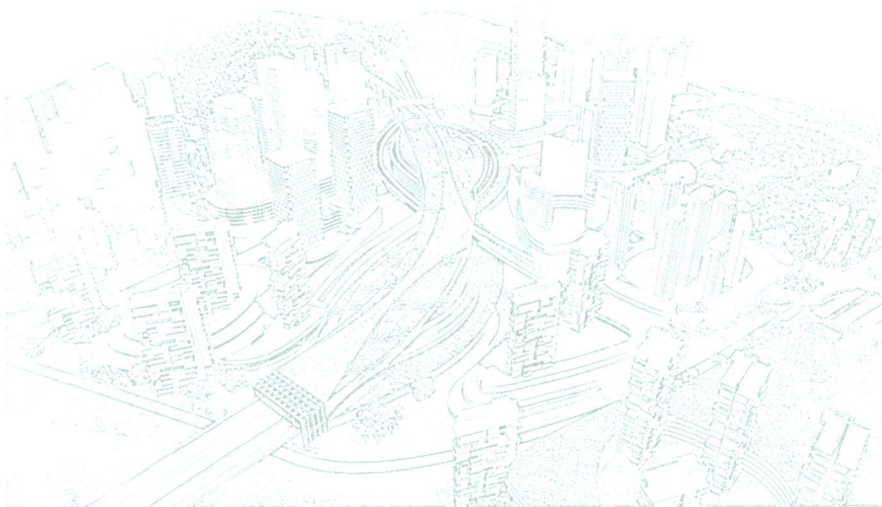

中南大学出版社
www.csupress.com.cn
·长沙·

图书在版编目(CIP)数据

城市轨道交通高架桥梁景观及降噪技术研究 / 槐燕红，高雪香，魏晓军主编. —长沙：中南大学出版社，2023.12
ISBN 978-7-5487-5699-6

Ⅰ.①城… Ⅱ.①槐… ②高… ③魏… Ⅲ.①城市铁路—高架桥—景观设计—研究②城市铁路—高架桥—降噪措施—研究 Ⅳ.①U448.28

中国国家版本馆 CIP 数据核字(2023)第 254397 号

城市轨道交通高架桥梁景观及降噪技术研究
CHENGSHI GUIDAO JIAOTONG GAOJIA QIAOLIANG JINGGUAN JI JIANGZAO JISHU YANJIU

槐燕红　高雪香　魏晓军　主编

□责任编辑	刘颖维
□封面设计	李芳丽
□责任印制	李月腾
□出版发行	中南大学出版社
	社址：长沙市麓山南路　　　　邮编：410083
	发行科电话：0731-88876770　传真：0731-88710482
□印　　装	湖南鑫成印刷有限公司

□开　　本	710 mm×1000 mm 1/16	□印张 10.75	□字数 187 千字
□版　　次	2023 年 12 月第 1 版	□印次 2023 年 12 月第 1 次印刷	
□书　　号	ISBN 978-7-5487-5699-6		
□定　　价	128.00 元		

　　我国高铁建设的早期，大部分城市的车站选址设置在城市外围，运用 TOD（公交导向发展）的城市发展理念，借助高铁站的设置和建设来带动城市向高铁站区域发展，快速推进城市化的进程。在这一时期，高铁站及其高铁线路先行建设，后续城市发展到高铁线路或高铁站附近时，高铁对周边环境的振动及噪声等干扰，是城市建设过程中的已知不利因素，人们大多采取规避的措施来应对，因此振动、噪声、景观等问题相对来说在社会上的敏感度不高。

　　近年来，伴随着城镇化率的提高和城市建设用地的减少，新的高铁站规划建设在城市的布局上开始发生了变化。以深圳、上海等城市为例，新的高铁站的建设选址开始并逐渐往建成区发展，或利用城区既有的老车站进行改造，而其轨道线路的建设，常以高架桥的形式穿越城市区域。这给交通带来便利的同时，也给城市的发展带来一系列新的问题，包括在振动、噪声、景观等方面给城市建设和发展带来的挑战。

　　除高铁建设呈现出来的新的发展态势之外，城市轨道交通（包括地铁、轻轨等形态）在城区的建设，也有大量的高架区间，通过高架轨道的方式穿越城区特别是住宅区的情况越来越常见。而轨道交通这种钢轮、钢轨接触运行的特定形态，在振动、噪声等方面对周边环境带来了比较强烈的冲击。

　　此外，桥梁在城市中的发展，不再只是跨越障碍的单纯交通载体，其在营造城市空间上起着越来越重要的作用。但在城区内修建高架桥，处理得不好，就会造成城市空间分割，影响和限制城市的发展。美好的城市空间是人与人交流的地方，吸引人们参与其中。城市桥梁的设计应适应人们的需求，着眼以人为本的城市空间营造，充分考虑人的情感与心理需求，推动城市桥梁建设的高品质发展。对于铁路等高架轨道的建设，我国多年来采用的是标准简支梁的范式，这种建设范式在我国高速铁路快速发展过程中对质量、进度、投资等各方面的控制起到了很好的作用。随着铁路建设进入新的时期，尤其是随着城市的发展，越来越多的铁路高架桥要穿越或进入城市建成区，因此铁路高架桥的建设也需要与时俱进，在原有成熟的标准简支梁的范式基础上做一些建设模式的思考和突破，以适应社会发展的需要。

在这一时代背景下，我们恰好遇到了深圳市南山区在打造西丽高铁枢纽过程中铁路线路以高架桥群的形式穿越成熟的城市建成区而带来的一系列问题，包括周边小区民众普遍关注的噪声问题、对城市空间的干扰割裂问题等。受当地政府委托，我们在研究、解决这些问题的过程中，做了一些技术层面的思考和探索，并将这些思路整理成了本书。任何工程的建设都离不开其所依赖的社会环境，同时很多问题的解决，往往在专业技术层面之外会有更开拓的思路。本书对提到的工程案例做的一些思考和探索，有很多有价值的建议已经被政府采纳，比如：从城市规划和城市空间的维度提出的对即将建设铁路的周边小区采取拆除重建的措施。考虑到轨道交通建设是一个系统性的复杂问题，本书提出的一些见解未必能在具体的工程案例中直接得到应用，还只是停留在技术的探讨阶段，但所探讨的一些理念和方法我们希望能对同类工程起到一定的参考和开拓思路的作用。

槐燕红作为建设单位项目负责人主导了本书的编写和研究工作，周涛作为咨询方林同棪国际工程咨询（中国）有限公司技术负责人全程参与了项目的技术研究和本书的编写，中南大学魏晓军教授负责了项目的降噪技术研究并参与了本书的编写。除此之外，参与本书编写和研究的还有：曾光勇、蒋智、朱宇、赵栋、程明在城市空间的规划设计和路线总体设计方面做了大量的技术工作，黄鑫、朱君、李胡涛、童晨财在轨道交通高架桥及结构设计方面提供了技术支持并参与了编写，苏艳芳、肖敏毅、肖奎、肖丽莎在建筑和景观方面提供了诸多解决方案，等等。当然，受很多因素的制约，加上编者水平有限，本书中的内容难免存在一些纰漏，我们欢迎广大读者批评指正！

周涛

2023 年 11 月

　　日本从 20 世纪 90 年代起，在交通极度便利的铁路车站进行立体化、复合化开发，打造出多个"站城一体"的经典项目，促成经济及人流的高度聚集，铁路车站周边片区的土地价值随之大大提升，成为城市价值的高地。东京站的丸之内片区，是"站城一体"开发建设理念的典型代表。丸之内片区在规划之初就着眼于 20 年后的发展蓝图。该项目张弛有序地进行功能配置，同时建立长期跟踪的规划咨询制度，不断修正方案，不仅应对了城市发展战略的变化、环境意识的提升、国际环境的变化，还带来片区整体价值的持续提升。"站城一体"的理念，对我国快速发展的高铁新城建设具有重要的指导意义。

　　深圳西丽枢纽，是深圳市"十四五"期间最重要的铁路主枢纽，建成后将成为服务深圳、辐射全国、高效便捷的综合交通枢纽，是"站-产-城"高度融合的创新枢纽。对于深圳来说，西丽高铁站、赣深高铁(羊台山至西丽站段)正线及塘朗山动车所建设工程及站位的确定，也使西丽高铁枢纽的建设成为城市发展的数十年大计，可以说是南山版的"新城再造"。深圳西丽高铁枢纽在规划初期，国铁集团与深圳市轨道办联合开展了"西丽枢纽核心区建筑概念性方案设计国际咨询"，在一定程度上体现了国铁集团与深圳市政府的规划意图。在地方政府层面，如何把握国铁集团、市政府、市地铁集团与南山区政府等各方利益平衡，从而最大程度体现区政府规划意图，是南山区政府极为关键且急需解决的问题。如何统筹兼顾地方政府与国铁集团、城际铁路集团的各方利益，避免各方因利益诉求不一致导致项目工程在多方拉锯过程中走样变形，通过"行政+技术"充分融合的方式，促使地方政府做好国铁区域与整个新城区域的统筹协调工作，确保"站城一体"实施方案能得到有效、全面的贯彻落实，实现区政府对西丽枢纽片区开发建设的全面把控，是地方政府面临的一大挑战。

为此，笔者按照相关决议，通过公开招标引入国际知名顾问公司，针对我们遇到的挑战，梳理概念设计方案、片区规划、城市景观等各层面的问题症结，从铁路建设和地方发展两个维度，多层面对规划、设计、建设开展技术对接与评估，及时与国铁集团、市区政府等多部门进行协商与汇报。最终，在前期开展的方案研究所取得的部分成果被国铁集团和市区政府采用，并纳入西丽高铁规划的建设中，如：对距离高铁线路较近的住宅区提出的更新改造方案被政府全盘采纳并已开始实施；美观、减震和降噪的桥梁结构与声屏障方案被铁路设计院部分采纳。当然还有一些策略和尝试，由于铁路的运营安全、建设理念等没有得以落地，但在解决问题的方向上这些成果不失为可以在未来拓展的思路。笔者有幸作为南山区工务署的项目负责代表，全程参与其中，深知这些成果对当今社会发展有很好的借鉴作用，因此我联合研究团队一起将研究成果整理成本书，以供相关从业者参考。由于编者能力有限，以及囿于专业背景及视野范围等，本书内容可能存在一些纰漏，我们欢迎读者就相关问题进行探讨，并给出建设性的意见。

2023 年 11 月

Contents 目录 ﹏﹏

第 1 章

绪 论

1.1 轨道交通定义及发展

1.1.1 轨道交通的定义

轨道交通是指运营车辆需要在特定轨道上行驶的一类交通工具或运输系统。轨道交通是一种公共交通方式，可以提供高效、安全的人员和货物运输服务，具有强大的运输能力[1]，是现代交通系统的重要组成部分。常见的轨道交通有传统铁路(普通铁路、城际铁路和市域铁路)、地铁、轻轨和有轨电车，此外还有磁悬浮轨道系统、单轨系统等新型轨道交通。其中，主要用于城市内客运的轨道交通系统称为城市轨道交通。

轨道交通按照服务对象、速度标准等，可分为干线铁路(高速铁路、普速铁路)、城际铁路、市域(郊)铁路、城市轨道交通四大类，如表 1-1 所示。

表 1-1 轨道交通分类[2]

轨道分类		服务范围	主要客流	设计速度 /(km·h⁻¹)	平均站间距 /km
干线铁路	高速铁路	国家，区域城市群	商务、旅游、探亲	250~350	30~60
	普速铁路		务工、探亲、回程	160	10~40

续表1-1

轨道分类	服务范围	主要客流	设计速度 /(km·h⁻¹)	平均站间距 /km
城际铁路	城市群、都市圈	商务、旅游、探亲	160~200	5~20
市域(郊)铁路	都市圈、中心城区	都市圈通勤、休闲	100~160	3~7
城市轨道交通		中心城区通勤、生活	80~100	0.5~1

1.高速铁路

高速铁路是指设计标准等级高、可供列车安全高速行驶的铁路系统。1970 年 5 月日本《全国新干线铁路整备法》规定:列车在主要区间能以 200 km/h 以上速度运行的干线铁路称为高速铁路。1985 年 5 月联合国欧洲经济委员会将高速铁路的列车最高运行速度规定为:客运专线 300 km/h,客货混线 250 km/h。1986 年 1 月国际铁路联盟认为:高速铁路列车运行速度至少应为 200 km/h。

2014 年国家铁路局发布的《高速铁路设计规范》(TB 10621—2014)[3] 中将高铁定义为新建设计速度为 250~350 km/h、运行动车组列车的标准轨距客运专线铁路。国家发展改革委将中国高铁定义为时速 250 km 及以上标准的新线或既有线铁路,并颁布了相应的《中长期铁路网规划》[4] 文件,将部分时速 200 km 的轨道线路纳入中国高速铁路网范畴。

2.普速铁路

普速铁路是指设计速度低、只能让火车以普通速度行驶的铁路。中国普速铁路标准中将不大于 160 km/h 速度级别的非客运专线及不大于 140 km/h 速度级别的客运专线定义为普速铁路。铁路建设初期没有普速铁路的说法,直到高铁时代才有普速铁路的概念。火车在速度方面有了飞跃后,以不同速度指标作为铁路类型划分依据的这种观念就逐渐普及。

3.城际铁路

城际铁路是相邻城市之间专门开行城际列车、运输城际旅客的铁路。国家铁路局于 2014 年 12 月 29 日发布的《城际铁路设计规范》(TB 10623—2014)[5]

中将城际铁路定义为专门服务于相邻城市间或城市群,旅客列车设计速度200 km/h 及以下的快速、便捷、高密度客运专线铁路。

4.市域(郊)铁路

市域(郊)铁路,又称为通勤铁路,其中属于城市轨道交通制式的线路又称为市域快线或市域快轨,设计时速为 100 km 到 160 km。市域(郊)铁路是连接都市圈中心城市城区和周边城镇组团,为通勤客流提供速度快、运量大及公交化运输服务的轨道交通系统。

5.城市轨道交通

依据《城市公共交通分类标准》(CJJ/T 114—2007)[6],城市轨道交通为采用轨道结构进行承重和导向的车辆运输系统,依据城市交通总体规划的要求,设置全封闭或部分封闭的专用轨道线路,以列车或单车形式,运送相当规模流量的公共交通方式,包括:地铁系统、轻轨系统、单轨系统、有轨电车、磁浮系统、自动导向轨道系统、市域快速轨道系统。无论哪种系统制式的轨道交通,相比城市其他的交通形态,都具有运能大、速度快、安全准时、成本低、节约能源、乘坐舒适方便以及能缓解地面交通拥挤和有利于环境保护等优点,常被称为"绿色交通"。

1.1.2　世界轨道交通发展

科学技术的进步推动着轨道交通的发展。从牵引动力及速度变革来看,世界轨道交通发展历程有三个时代。第一,蒸汽机牵引低速时代,运行速度多在100 km/h 以下。第二,内燃机或电力牵引的快速时代,运行速度为 140 ~ 200 km/h,称为快速或准高速。第三,电力牵引高速时代。日本东海道新干线的建设运营标志轨道交通进入高速时代,运行速度为 200 km/h 以上[7]。世界各国轨道交通的通车年份如表 1-2 所示。

表 1-2　世界各国轨道交通的通车年份[7]

国家	通车年份	国家	通车年份
英国	1825	巴西	1851
美国	1830	智利	1851

续表1-2

国家	通车年份	国家	通车年份
法国	1832	印度	1853
爱尔兰	1834	澳大利亚	1854
古巴	1834	埃及	1854
比利时	1835	葡萄牙	1854
德国	1835	挪威	1856
加拿大	1836	罗马尼亚	1856
俄国	1837	瑞典	1856
奥地利	1837	芬兰	1862
荷兰	1839	阿尔及利亚	1862
捷克斯洛伐克	1839	新西兰	1863
意大利	1839	保加利亚	1866
波兰	1846	希腊	1869
南斯拉夫	1846	日本	1872
瑞士	1847	突尼斯	1874
丹麦	1847	中国	1876
西班牙	1848		

轨道交通的发展是各个国家和地区工业化与城市化的重要推动力,其发展过程可以分为三个阶段[7]:

第一阶段,铁路快速建设发展的时期(1825—1910年)。1825年,英国建造了世界上第一条铁路,标志着铁路运输时代的开始。随后,美国和英国等工业发达国家大力发展铁路交通,以满足工业化的需求。以美国为例,1881—1890年,年均铁路建造里程达1.1万km,到1913年底,铁路运营里程达到了40.2万km。1913年,世界铁路运营里程约为110万km,其中80%集中在美、德、英、法、俄五个国家。此时,铁路运量占据了全部陆路运量的80%,铁路运输占据了主导地位。19世纪后半期,欧美国家开始将铁路建设扩展到其殖民地和发展中国家。

第二阶段,发展的停滞期(1910—1970年)。1916—1945年,由于两次世

界大战的影响及灵活便捷的公路网的发展建设，各国铁路运量不断下降。到了
20 世纪中叶，铁路在一些发达国家变成了夕阳产业，如美、英、德、法、意等国
家铁路运输亏损严重，甚至采取了封闭和拆除部分铁路线路等策略。然而，同
一时期殖民地、半殖民地和落后国家的铁路建设得到了进一步发展。

第三阶段，世界轨道交通复苏期(1970 年至今)。这一时期，高速铁路开始
出现，城市轨道交通得到快速发展。1964 年世界首条高速铁路日本东海道新干
线通车，运营速度为 210~230 km/h。1983 年法国巴黎东南新干线开通，运营
速度可达 270 km/h。1991 年德国 ICE 高速铁路开始运营，速度可达 330 km/h。
1994 年开通的英吉利海峡隧道将法国和英国连接起来，形成了第一条高速铁路
国际连接线。2008 年中国首条城际铁路京津城际铁路开通运营，从此中国进入
高铁时代。至 2022 年底，中国铁路运营里程达 15.5 万 km，其中高铁运营里程
4.2 万 km，占世界高铁运营里程的 2/3 以上。与此同时，世界各大城市大力发
展地铁、轻轨和市郊铁路等城市轨道交通。

1.1.3 我国轨道交通发展

1.铁路交通发展[8]

最初，国内铁路仅有 0.5 km 的"展示铁路"。如今，"八纵八横"铁路交通
网已构建完毕，中国高速铁路已领跑世界。中国铁路的发展速度令人瞩目，中
国铁路发展史是国家百年巨变的见证。

1876 年，英国资本集团擅自修建了中国的第一条运营铁路——吴淞铁路，
全长 14.5 km。1881 年，开平矿务局出资修建了中国人自办的第一条铁路——
唐胥铁路，全长 7.5 km。1909 年 10 月 2 日京张铁路通车，这是中国人自行设
计和施工的第一条铁路干线，全长约 200 km。1912 年，中华民国政府提出了宏
伟全面的铁路建设计划，计划建设 3 条连通全国的主要干线，总长 20 万 km。
此后，又提出《实业计划》"第四计划"，计划建设 5 条贯通全国的铁路大干线。
1952 年 6 月，中华人民共和国成立后修建的第一条铁路——成渝铁路通车。
1975 年 7 月，宝成铁路完成电气化改造，成为中国第一条电气化铁路，全长约
669 km。1992 年，中国首条双线电气化重载铁路、首条煤运通道干线——大秦
铁路竣工运营，全长 653 km。2006 年 7 月 1 日，青藏铁路全线通车，全长
1956 km，该条铁路成功克服了冻土施工建设这一世界难题，是中国新世纪四

大工程之一,也是世界上海拔最高、线路最长的高原铁路。2007 年 12 月 15 日,中国第一条城际高速铁路——京津城际铁路全线铺通,设计时速为 350 km,全长 120 km。2011 年 6 月 30 日,京沪高铁全线正式通车,全长 1318 km。

2016 年,国家发展改革委、交通运输部、中国铁路总公司印发《中长期铁路网规划》。该规划提出到 2025 年,铁路网规模达到 17.5 万 km 左右,到 2030 年,基本实现内外互联互通、区际多路畅通、省会高铁连通、地市快速通达、县域基本覆盖。至 2022 年底,全国铁路运营里程达 15.5 万 km,其中高铁运营里程 4.2 万 km。

2. 城市轨道交通发展[9, 10]

1969 年 10 月 1 日,中国第一条地铁——北京地铁 1 号开始试运营。1971 年 1 月 15 日,该地铁线正式运营,面向公众开放。2002 年 10 月 30 日,中国第一条钢轮钢轨制式的轻轨——长春轨道交通 3 号线正式运营,全长 34.10 km。2004 年 12 月 28 日,中国第一条跨座式单轨——重庆轨道交通 2 号线通车运营,全长 31.36 km。2007 年 5 月 10 日,中国第一条胶轮制式的现代导轨电车——天津开发区导轨电车 1 号线通车运营,全长 7.86 km。2010 年 11 月 8 日,中国第一条旅客自动输送系统——广州地铁 APM 线开通运营,全长 3.94 km。2013 年 8 月 15 日,中国第一批钢轮钢轨制式的现代有轨电车——沈阳浑南新区 1、2、5 号线正式运营。

根据《城市轨道交通 2022 年度统计和分析报告》[11],截至 2022 年底,我国大陆地区共有 55 个城市开通城市轨道交通运营线路 308 条,运营线路总长 10287.45 km。我国城市轨道交通的运营规模已稳居世界第一。已开通的城市轨道交通运营线路有 9 种制式。其中:地铁 8008.17 km,占比 77.84%;轻轨 219.75 km,占比 2.14%;跨座式单轨 144.65 km,占比 1.41%;市域快轨 1223.46 km,占比 11.89%;有轨电车 564.77 km,占比 5.49%;磁浮交通 57.86 km,占比 0.56%;自导向轨道系统 10.19 km,占比 0.10%;电子导向胶轮系统 34.70 km,占比 0.34%;导轨式胶轮系统 23.90 km,占比 0.23%。

截至 2022 年底,共有 50 个城市正在实施城市轨道交通线网建设规划,这些规划线路的总长为 6675.57 km(不包括已开通运营的线路),可统计的正在实施建设规划项目可研批复总投资额合计为 41688.79 亿元[11]。

随着“十四五”行动方案的优化和实施,以及都市圈的扩大,轨道交通建设正朝着市域化、城际化及多网融合发展。2022 年，中国城市轨道交通协会正式颁布了《中国城市轨道交通绿色城轨发展行动方案》，倡导通过智能化创新技术来实现各地城市轨道交通的节能减排，建设以节能增效为主的全自动运行系统。

1.2　高架轨道交通给城市发展带来的新挑战

城市轨道交通可分为地下线、地面线和高架线。截至 2022 年，按线路敷设方式来分，我国城市轨道交通中的地下线 7129.96 km，占比 69.31%；地面线 1144.21 km，占比 11.12%；高架线 1986.48 km，占比 19.31%。其中，高架线由于具有施工便捷、施工安装速度快、维修方便等优点，得到了广泛的应用。从建设成本来说，轨道交通若敷设在城市地下的话，每千米线路综合造价可达 7 亿~10 亿元，而选择高架桥为主的修建方式，造价仅为地下轨道交通建设的 1/5~1/3；且各城市自然环境不同、地质条件不一、环境敏感因素较多，修建地下轨道交通的要求是相对较高的，而修建高架桥则可有效避免地下水位高、土质差所带来的诸多工程限制[9]。

但是随着高架桥的大量修建，高架轨道交通在促进城市发展和给人们出行带来便捷的同时，也面临着新的挑战。

1. 噪声给环境带来的挑战

当高架轨道穿过城市住宅区和生态敏感区域时，轨道交通运营产生的噪声会危害人的身体健康，干扰社区环境和生态环境，对人们的生活质量和生态环境造成严重影响，降低城市的宜居性。

2. 高架轨道对城市空间造成的割裂给城市发展带来的挑战

城市空间是社会经济发展的重要载体，对于城市的发展有着深远的影响。一个合理规划的城市空间能够促进城市的经济发展，为城市的工业、商业、服务业等各行业提供良好的载体和发展环境。而高架轨道穿过城市时，阻隔了轨道交通沿线两侧的空间链接和功能链接，造成了城市空间的割裂，会在很大程度上影响城市的发展空间和功能布局，从而破坏城市空间的整体性和连续性。

如何协调好高架轨道的建设和城市空间发展的关系是越来越突出的一大挑战。

3. 轨道交通高架桥下空间集约利用的挑战

轨道交通高架桥下空间通常连接城市中心区、城市景观等，成为城市空间结构、景观体系中的骨架网络。但是由于行业或产权管理上的割裂，加之在前期规划和设计之初鲜有将建设和运营过程中轨道交通高架桥下空间的利用提升到一定的高度来考虑，桥下空间存在着利用不当或被闲置的情况。如何更好地利用桥下这一带状城市空间，是摆在当前的一大挑战。

1.2.1 高架轨道交通噪声给环境带来的挑战

随着城市化进程的加速，高架轨道交通作为解决城市交通拥堵问题的有效手段，其建设步伐正在全球各地加快。然而，这种快速的发展也带来了一些不容忽视的问题，其中最突出的就是高架轨道交通产生的噪声对环境的影响。一般来说，轨道交通噪声主要来源于列车运行和基础设施等。列车运行产生的噪声主要包括轮轨噪声、空气动力噪声、集电系统噪声等；轨道、高架桥梁和车站设施的振动则会产生结构噪声。这些噪声在特定的条件下，如夜间或安静的环境中，可能会对周围环境和居民生活产生严重影响。

高架轨道交通噪声对环境的挑战主要体现在以下几个方面。

1. 对周边民众健康的影响

高架轨道交通的运行噪声对人们的生活质量造成了直接的影响。噪声污染会引发一系列的健康问题，如失眠、头痛、耳鸣等，严重的甚至可能导致听力损失。对于居住在高架轨道附近的居民来说，他们的生活几乎被噪声所包围，这无疑对他们的生活质量造成了极大的影响。长期暴露在高噪声环境中，人们可能会出现听力损失、睡眠障碍、心理压力增大等问题。对于儿童和老年人，这种影响更为严重。

2. 对生态环境的影响

噪声可以干扰动物的生活习性，导致动物种群数量减少，甚至引发物种灭绝。研究发现，噪声污染可以干扰动物的生活习性，导致动物的行为异常，甚至影响动物的生存和繁殖。此外，噪声污染还会对植物的生长产生影响，降低

植物的生长速度和产量，例如噪声会干扰植物的生长和发育过程，影响光合作用、花粉传播等，从而导致农作物减产、植被退化等问题。

3. 对社区环境的影响

高架轨道交通的运行噪声可能会影响社区的生活质量，如影响休息、学习、工作等。这会导致居民对社区的满意度下降，甚至引发社区冲突。同时，长期处于高噪声环境中，居民之间的交流受到限制，社交关系变得紧张。这可能导致社区凝聚力下降，社会和谐受到影响。

轨道交通声屏障是降低轨道工程建设、运行噪声对环境影响的重要措施。迄今为止，声屏障的降噪效果、结构形式是首要关心的问题，但随着城市轨道交通的发展，许多声屏障置身于城市中，不仅具有降噪功能，也是城市景观的重要点缀。声屏障景观设计理念的不系统和不完善，导致大批既有城市轨道交通声屏障愈发不满足现代美学设计理念的要求，甚至产生不必要的视觉污染；声屏障景观材料的选取，需要充分考虑轨道交通沿线周边环境与生态条件，结合各种材料所具有的色彩与质感，进行恰当的组合设计，才能使声屏障与周围自然环境更加协调；声屏障景观设计能帮助城市宣传本区域的文化特色，能为城市创造更丰富的经济资源，还能在无形中改变城市面貌，以一种无可替代的角色影响着城市发展。

因此，轨道交通声屏障的建设往往伴随着环境冲突问题，声屏障景观的合理设计是解决环境不协调挑战的主要途径之一。声屏障的景观设计应与声屏障的声学设计、结构设计处于同等重要的地位，成为声屏障系统设计的重要组成部分之一。综合来讲，轨道交通声屏障景观设计首先必须遵守声屏障修建工程上的各项技术规范要求，以声屏障与城市环境相和谐作为设计出发点，强调声屏障景观的生态可持续发展，努力做到与周边的自然环境和人文环境相协调，达到生于斯、长于斯、贡献于斯的生态境界，而不是与之矛盾或背离。

1.2.2　高架轨道割裂城市空间带来的挑战

轨道交通对支撑和促进城市发展起到了至关重要的作用，但是随着城市规模不断扩张，轨道沿线开始出现一系列问题，无法适应城市高质量发展的要求。特别是城市内的高架轨道交通，作为城市交通基础设施的一部分，其通常被用来改善道路交通流动性、减轻交通拥堵、促进城市发展，但城市中较早建设的高架轨道经过较长的城市发展时期之后，沿线周边往往会经历一个自然生长的过程，导致高架轨道周边区域相互之间不能形成一个完整的、有秩序的空间，产生了城市割裂[10]。这种割裂现象不仅体现在城市空间的发展不均衡上，也体现在区域性秩序混乱和环境不友好上，具体包括城市规划、环境影响、社会隔离及城市美学等方面。

1. 城市规划

城市内的高架轨道是运输的工具，其沿线各种设施占据了相当大的土地面积，成为城市规划设计中不可或缺的组成部分，所以高架轨道在建设中合理布局对城市的更新规划具有重要的影响。但是就目前而言，我国许多城市的扩展与既有轨道交通设施的布局存在着许多矛盾，并没有很好地协调发展。这可能导致城市规划的混乱，破坏城市的连贯性和一体性。高架轨道通常成为城市中的物理障碍，阻碍了城市的有机增长和演化。城市规划者不得不在高架轨道和城市空间之间寻找平衡，以确保城市的可持续发展。

首先，由于交通运输需求的不断提高，高架轨道交通线路和站点需要进行扩建。而高架轨道建设通常会影响周边土地的价值。有时，土地价值会上升，这是因为高架轨道提高了区域的可访问性，吸引了商业和投资。然而，在某些情况下，高架轨道也可能导致土地价值下降，尤其是在噪声和污染问题严重的情况下。这可能对城市经济造成复杂的影响。如果不考虑如何使轨道交通扩张与城市规划协调进行、提高城市土地利用效率，将会进一步限制城市的发展。

其次，城市规划者需要考虑如何将高架轨道作为城市更新和复兴规划的一部分。这包括改善高架轨道周围的城市空间，以吸引更多商业和社会活动，提高城市的吸引力。

最后，高架轨道交通需要与城市的其他交通模式（如公共汽车、步行等）协调一致。城市规划者必须确保高架轨道交通与城市的整体交通规划相协调，以提供无缝的交通选择，减少交通拥堵，并改善城市的可访问性。

2. 环境影响

高架轨道的建设和运营对环境会产生不可忽视的影响。首先，建设过程中通常需要大量的混凝土和钢铁，这对资源和能源的需求很大，可能导致碳排放的增加。其次，高架轨道常常扰乱城市的自然景观，破坏生态系统。城市中高

架轨道交通导致的噪声和空气污染也会对周围社区的居民产生不利影响。因此,城市规划者需要仔细权衡高架轨道的交通益处和环境成本。

3. 社会隔离

高架轨道会分割城市社区,导致社会隔离。它在某种程度上创造了物理壁垒,使不同社区之间的联系变得更加困难。某些社区可能会受到高架轨道的负面影响,而其他社区则可能受益于更快的交通,这会导致城市的社会不平等现象产生。社会隔离还可能导致城市的文化和经济分化,削弱城市的凝聚力。

4. 城市美学

高架轨道的结构体量通常相对庞大,其在一定程度上会对城市空间和城市景观带来负面影响。不合适的设计和建筑材料可能使高架轨道成为城市中的突出物,破坏城市的美感和文化特征。城市规划者需要在设计和建设过程中考虑景观及美观性,以确保高架轨道与城市的环境、历史背景协调一致。

1.2.3 轨道交通高架桥下空间利用面临的挑战

随着城市高架轨道交通运营里程的快速增长,伴随而来的是大量的桥下空间。由于早期的设计规划只重视轨道交通高架桥面上的交通功能,经常忽略对桥下空间的开发,未充分考虑桥下空间的利用,加上政府重视力度不够,大多数城市对桥下空间的利用仅停留于简单的绿化或者围合处理,导致目前桥下空间利用率仍然较低。因此,轨道交通高架桥下空间具有巨大潜力,但在利用时往往遇到环境、景观、空间管理等问题。

1. 桥下空间环境问题

桥下空间位于高架轨道下,日照长期被遮挡,空间温度低,同时当高架轨道上车辆高速经过时,也会对桥下空间环境产生影响。桥下空间环境问题主要体现在噪声污染、光环境差、扬尘污染、尾气污染等方面[12]。

噪声污染:高架轨道交通流量大,因此轨道交通高架桥下空间的声场环境十分复杂。首先,桥面上高速行驶的车辆在行驶过程中会产生巨大的啸叫声;其次,当车辆经过桥面变形缝时产生的噪声通过高架桥固体结构传至桥面以下的空间,由于地面、桥腹的反射,上述噪声被持续放大,导致噪声的影响加剧。

光环境差：由于高架轨道自身巨大的桥体结构对自然光有严重的遮挡，桥面下往往会形成巨大的阴影区，而随着城市交通的不断发展，高架轨道交通线路不可避免地需要进行扩宽或穿过密集城区，愈发宽大的桥面与愈发靠近的高层建筑物使得桥下空间更加昏暗。这些阴影区不仅会限制桥下空间的绿化，还会削弱行人的心理安全感。

扬尘污染、尾气污染：由于高架轨道上行驶的车辆较多，其尾气、扬尘对沿线的空气污染影响较大。机动车尾气中对人体有害的成分很多，例如影响空气质量的一大重要指标 $PM_{2.5}$。据相关数据统计，机动车排放的尾气已经成为城市空气污染源之首。王利等[13]对上海市某条高架沿线灰尘做了测量，发现整条高架道路综合污染指数为4.53，且重金属含量为正常水平的2~6倍，其对轨道交通高架桥下空间环境造成了不可忽视的影响。

2.桥下空间景观问题

桥下空间景观问题主要有桥体结构景观重造价轻造型和桥下空间装饰景观重功能轻景观、重硬质轻软质两方面[14]。

桥体结构景观：桥下水平方向的梁连续贯通，往往造型过大，颜色偏深偏暗，容易造成桥下人们明显的压迫感；垂直方向的桥柱挺拔粗壮，以一定的间隔连续排列，对视线起到一定的阻隔作用，使人产生紧张、焦虑的感受；部分桥下墩柱过多、过大、过低，导致桥下空间占地大、道路通视度受限等，同时其视觉形象单调丑陋，易对城市传统街区环境和城市整体景观造成切割和破坏，影响桥下空间整体景观。

桥下空间装饰景观：大多桥下空间装饰缺乏对高架桥的梁、板底部、墩柱的美化和绿化处理，多为混凝土原色，灰暗单调，更增加了桥下空间的压抑感和沉闷感。

3.桥下空间管理问题

目前，国内大多数轨道交通高架桥下空间独立于周边环境而存在。桥下空间的利用应结合附近居民需求，弥补周边功能缺陷，更好地服务市民。然而目前桥下空间利用主要集中在简单的市政绿化和停车，未与周边环境进行良性互动，独立于城市公共空间之外，形成孤岛，造成大量的空间浪费。

管理不当。高架轨道站点周边桥下空间隐蔽，关注度低，沿线居民若非法燃烧垃圾容易引起火灾，甚至非法堆放易燃易爆的危险品引起安全事故。部分桥下空间被改造成洗车场，导致污水横流，污染严重，产生环境问题。部分桥下空间无人管理，使得桥下空间变成垃圾场，污染周边环境，影响城市面貌[15]。

空间被闲置。造成这一现象的主要原因是对桥下空间使用主体的使用便利性和舒适性的考虑得不够充分。部分桥下空间进行了一些景观利用，然而却由于区域选择不合理，可达性较差，功能设计不合理，需求错位，后期管理维护不到位，以及相关法规不完善等，已经开发的桥下空间处于闲置、荒废状态，甚至将已经打造好的桥底公园用冰冷的铁丝网围起来[16]。

1.3　本书的主要内容

随着社会经济发展和城市化进程加快，城市人口剧增、城市规模不断扩大、交通拥挤、土地资源短缺、环境污染等问题逐渐引起人们的关注，人们不断研究如何利用各种交通方式来缓解与日俱增的交通压力，其中运量大、能耗低、污染小、速度快、占地面积小、安全性和可靠性高、乘车舒适性佳的轨道交通已经成为缓解城市交通压力的有效手段。轨道交通因轨道架设位置之分，可形成地下轨道、高架轨道、地面轨道三种架设形态。其中，高架轨道具有施工便捷、施工安装速度快、维修方便等优点，得到了广泛的应用。但是，高架轨道又直接暴露于环境中，对沿线周边影响较大，给城市发展带来了新的挑战——噪声挑战、割裂城市空间挑战、桥下空间利用挑战。

本书第 2 章从轨道交通噪声出发，介绍了轨道交通噪声的来源及危害，阐述了轨道交通噪声的评价标准及控制措施。第 3 章介绍了考虑高架轨道交通干扰的城市规划方法，首先分析了轨道交通建设经验、城市更新规划的影响因素及轨道交通给城市发展带来的机遇与挑战，其次提出了考虑轨道交通干扰的城市设计总体思路，最后以西丽—塘朗山段铁路扩建项目所在片区为例分析如何进行规划更新。第 4 章介绍了基于声屏障的高架轨道交通降噪技术，首先对声屏障的定义、作用机理和结构类型等进行了基本阐述，并对传统声屏障景观的不足之处做了相应分析，然后对声屏障景观的设计理念进行了详细探讨，最后结合西丽—塘朗山段铁路扩建项目展示了如何进行声屏障景观设计。第 5 章介绍了轨道交通高架桥下空间的设计与利用，首先总体介绍了轨道交通高架桥下空间的几种利用形式，以及不同的城市空间分区适宜改造的方向，其次阐述了轨道交通高架桥下空间利用的六大原则，然后介绍了轨道交通高架桥下空间常用的隔离法、拆除法及改造利用法，最后分析了该采取怎样的策略来更好地利用轨道交通高架桥下空间，即以西丽—塘朗山段铁路扩建项目为例分析如何进行桥下空间利用。

参考文献

[1] 姚林泉，汪一鸣，肖为周，等.城市轨道交通概论[M].3 版.北京：清华大学出版社，2022.

[2] 潘昭宇，张天齐，唐怀海，等.多层次轨道交通"四网融合"体系研究[J].交通工程，2020，20(4)：1-8.

[3] 铁道第三勘察设计院集团有限公司，中铁第四勘察设计院集团有限公司.高速铁路设计规范：TB 10621—2014[M].北京：中国铁道出版社，2014.

[4] 中华人民共和国国家发展和改革委员会.关于印发《中长期铁路网规划》的通知[EB/OL].(2016-07-20)[2022-10-30].https://www.ndrc.gov.cn/xxgk/zcfb/ghwb/201607/t20160720_962188_ext.html.

[5] 铁道第三勘察设计院集团有限公司，中铁第四勘察设计院集团有限公司.城际铁路设计规范：TB 10623—2014[M].北京：中国铁道出版社，2015.

[6] 城市建设研究院.城市公共交通分类标准：CJJ/T 114—2007[M].北京：中国建筑工业出版社，2007.

[7] 王晓荣.轨道交通与大城市形态互动演化关系研究——基于时空经济学视角[D].北京：北京交通大学，2018.

[8] 中南大学轨道交通科普基地.中国铁路发展史！你知道多少？[EB/OL].(2019-03-17)[2022-10-30].https://stte.csu.edu.cn/kp/info/1290/4177.htm.

[9] 顾保南，杨照，徐雷，等.1997—2017 年中国城市轨道交通发展统计分析[J].城市轨道交通研究，2018，21(5)：85-89.

[10] 郝杰.城市交通枢纽地区空间更新策略研究[D].哈尔滨：哈尔滨工业大学，2009.

[11] 中国城市轨道交通协会.城市轨道交通 2022 年度统计和分析报告[J].中国城市轨

道交通协会信息, 2023, 42(2).

[12] 吴文杰.高速公路高架桥下剩余空间景观策略研究——以广深高速东莞段为例[D].广州：华南理工大学, 2019.

[13] 王利, 陈振楼, 许世远, 等.上海市延安高架道路沿线绿地土壤中重金属的分布与评价[J].土壤通报, 2007, 38(1)：203-205.

[14] 殷利华.基于光环境的城市高架桥下桥阴绿地景观研究——以武汉城区高架桥为例[D].武汉：华中科技大学, 2012.

[15] 王苗苗.北京市高架轨道站点桥下空间利用研究[D].北京：北京交通大学, 2021.

[16] 张思颖.城市立交桥桥下空间的利用与设计策略研究——以西安市为例[D].西安：西安建筑科技大学, 2013.

第 2 章

轨道交通噪声

随着世界经济的发展及城市化的推进，轨道交通作为一种绿色的公共交通工具，有着运量大、便捷、准时、安全等巨大优势，不仅提高了人们的出行质量，同时也极大地缓解了轨道交通压力，但随之而来的轨道交通噪声问题也愈发突出[1]。

2.1 轨道交通噪声的危害及评价标准

2.1.1 噪声的定义

在我们日常生活中，存在着各种各样的声音，如人们的交谈声、机器的运转声、车辆的奔驰声、各种乐器的奏鸣声等。其中，有的声音是用来传递信息、进行正常社会活动所需要的，是人们生活中不可或缺的，而有的声音则会干扰人们休息、学习和工作，对人们的正常生活产生影响，是人们所不需要的。通常，我们把这种不需要的声音叫作噪声。当噪声对人及周围环境造成不良影响时，就形成了噪声污染。

声波引起空气质点的振动，使大气压力产生压强的波动称为声压，用 p 表示，单位为帕（Pa）。在日常生活中，正常人耳能听到的最小声压是 $2×10^{-5}$ Pa，称为听阈声压；人耳产生疼痛感觉的声压是 20 Pa，称为痛阈声压。从听阈声压到痛阈声压，声压的绝对值数量级相差 100 万倍，因此，我们用声压来表示声音的强弱是不方便的。人们常常采用声压的对数比来表示声音的大小，称为

声压级，单位为分贝（dB）。

声压级定义为：

$$L_p = 20\lg \frac{p}{p_0}$$

式中：L_p 为声压级，dB；p 为声压，Pa；p_0 为基准声压，$p_0 = 2×10^{-5}$ Pa。

为了使读者对声压级有一个更加直观的了解，这里列举一些常见的例子：微风吹拂树叶的声音约 20 分贝；正常谈话的声音 40～60 分贝；飞机平飞阶段机舱内的噪声为 90～100 分贝；快速路两侧 50 m 范围内噪声约 80 分贝。

2.1.2　噪声的危害

噪声的影响和危害是多方面的，对个人而言，强烈的噪声可能引起耳鸣等生理不适现象；对社会而言，强烈的噪声会干扰语言交流和通信，掩蔽安全信息，降低生产效率。噪声产生的影响主要体现以下几个方面。

1. 听力损伤

人们长期忍受噪声，会导致听力严重下降，甚至可能失去听觉。由非噪声环境进入噪声环境时，人耳的听觉灵敏度会发生变化，这种变化称为听力损失，又称听阈升移。噪声对听力的影响可通过该指标进行衡量。若及时离开噪声环境，噪声导致的听阈升移可以立即恢复，该情况下的听阈升移称为暂时性听阈偏移，亦称为听觉疲劳。听觉疲劳时，听觉器官并不会受到器质性损害。然而，如果在噪声环境中暴露时间过长，内耳器官将不断受到噪声刺激，导致听阈升移无法恢复到正常水平，进而引起听觉器官发生器质性病变，成为永久性听阈偏移，即噪声性耳聋。

噪声性耳聋与噪声强度、噪声频率和噪声作用时间有关。国际标准化组织（ISO）于 1964 年规定，当听阈在 500 Hz、1000 Hz 和 2000 Hz 三个倍程内提高的平均值超过 25 dB 时，即可能造成噪声性耳聋。根据听力损失的平均值，噪声性耳聋可分为 A～F 六个等级，如表 2-1 所示。

表 2-1　噪声性耳聋级别[2]

级别	听觉损失程度	听力损失平均值/dB	听觉能力
A	正常(损害不明显)	<25	可听清低声谈话
B	轻度(稍有损伤)	25~40	听不清低声谈话
C	中度(中等程度损伤)	40~55	听不清普通谈话
D	高度(损伤明显)	55~70	听不清大声谈话
E	重度(严重损伤)	70~90	听不到大声谈话
F	最重度(几乎耳聋)	>90	很难听到声音

2. 身心睡眠疾病

轨道交通引起的噪声会影响列车内外人员的舒适度,长期遭受噪声会引发身心疾病。高架桥段所产生的结构噪声属于低频噪声,这种噪声会对大脑中枢神经系统、内耳腔前庭、交感神经、心血管系统、消化系统等产生影响。大脑中枢神经系统受到噪声影响时,会出现头痛、脑涨、耳鸣、多梦、失眠、记忆力减退、全身疲乏无力等问题;内耳腔前庭受到噪声影响时,会出现眩晕、恶心、呕吐等不适感;交感神经受到噪声影响时,会出现心跳加快、心律不齐、血压升高等问题;心血管系统受到噪声影响时,患高血压、动脉硬化和冠心病的概率要比正常环境下高 2~3 倍;消化系统受到噪声影响时,可能会导致消化机能减退、消化系统分泌异常,出现消化不良、食欲不振、胃炎、胃溃疡等不适症状与疾病。

除此之外,低频噪声也严重影响轨道交通沿线居民的睡眠环境。实验研究表明,人的睡眠可分为入睡、浅睡、熟睡、深睡四个阶段,一般由入睡阶段到深睡阶段周期循环。睡眠质量的好坏取决于深睡阶段的时长,时间越长,睡眠质量越好。而噪声的存在会缩短深睡阶段的时间,间断性的强烈噪声甚至使人无法进入深睡阶段,导致人们失眠、多梦。研究表明,当噪声不超过 35 dB(A)时,可认为是理想的睡眠环境;当噪声超过 50 dB(A)时,人的正常睡眠就会受到影响。据有关资料,城市街道交通噪声可达到 70 dB(A),而靠近工厂及建筑工地的住宅区,噪声高至 70~90 dB(A)。因此,这些场合的噪声会严重影响附近居民的休息。

3.社会工作紊乱

除了对人的休息产生影响，轨道交通噪声还会对各种谈话、开会、通信、工作等活动产生干扰。就谈话而言，人们的声音通常在 60 dB(A)左右，当噪声超过 65 dB(A)时，人们的谈话就会被干扰；当噪声高达 90 dB(A)时，人们的谈话会被严重干扰，只有贴近耳朵才能交谈或者只能通过手势来表达意思。就工作而言，在高噪声环境下工作的人通常会出现烦躁、疲劳和不安等感觉，导致注意力分散、工作效率降低。特别是从事打字、排版、校对、通信等工作的人员，噪声的存在会显著增加他们工作的出错率，严重降低工作效率。

此外，在噪声的混杂干扰下，安全信号(如报警信号和车辆行驶信号)容易被掩蔽，容易引起工伤事故。轨道交通沿线市区居民投诉越来越多，而且时常会有纠纷事件发生，甚至有部分纠纷事件已经上升为群体纠纷事件，严重干扰了轨道交通的正常运营。

2.1.3 轨道交通噪声的评价标准

目前，我国颁布了两个适用于轨道交通噪声环境的国家标准，分别为《声环境质量标准》(GB 3096—2008)[3]和《铁路边界噪声限值及其测量方法》(GB 12525—1990)[4]。另外，我国住房和城乡建设部还颁布了行业标准，即《城市轨道交通引起建筑物振动与二次辐射噪声限值及其测量方法标准》(JGJ/T 170—2009)[5]。

《声环境质量标准》规定了环境噪声的最高允许值，体现了国家保护声环境的政策和要求，是衡量声环境是否受到污染的一个重要尺度，同时也是环境规划、环境管理和环境噪声排放标准制定的重要依据。具体地，该标准依据区域的使用功能特点和环境质量要求，将声环境功能区分为 0 类、1 类、2 类、3 类、4a 类和 4b 类共六种类型。其中，0 类声环境功能区指特别需要安静的区域；1 类声环境功能区指需要保持安静的区域；2 类声环境功能区指需要维护住宅安静的区域；3 类声环境功能区指需要防止工业噪声对周围环境产生严重影响的区域；4 类声环境功能区指交通干线两侧一定距离之内，需要防止交通噪声对周围环境产生严重影响的区域，其中 4a 类适用于公路及城市轨道交通等两侧区域，4b 类适用于铁路干线两侧区域。每个声环境功能区分昼间和夜间执行相应的环境噪声限值标准，具体标准如表 2-2 所示。

表 2-2　环境噪声限值[3]

声环境功能区类别		时段	
		昼间/dB(A)	夜间/dB(A)
0 类		50	40
1 类		55	45
2 类		60	50
3 类		65	55
4 类	4a 类	70	55
	4b 类	70	60

《铁路边界噪声限值及其测量方法》对既有铁路(包括改、扩建既有铁路)和新建铁路(含新开廊道的增建铁路)执行不同的边界噪声限值。其中,既有铁路边界噪声限值按表 2-3 执行,新建铁路边界噪声限值按表 2-4 执行。

表 2-3　既有铁路边界噪声限值[4]

时段	噪声限值/dB(A)
昼间	70
夜间	70

表 2-4　新建铁路边界噪声限值[4]

时段	噪声限值/dB(A)
昼间	70
夜间	60

针对轨道交通列车运行引起的沿线建筑物振动与室内二次辐射噪声,《城市轨道交通引起建筑物振动与二次辐射噪声限值及其测量方法标准》规定了 0 类、1 类、2 类、3 类、4 类共五类振动噪声影响区域及其对应的昼间和夜间噪声限值,详见表 2-5。其中,0 类区域适用于特殊住宅区;1 类区域适用于居住、文教区;2 类区域适用于居住、商业混合区,商业中心区;3 类区域适用于

工业集中区；4 类区域适用于交通干线两侧。

表 2-5　建筑物室内二次辐射噪声限值[5]

声环境功能区类别	昼间/dB(A)	夜间/dB(A)
0 类	38	35
1 类	38	35
2 类	41	38
3 类	45	42
4 类	45	42

2.2　轨道交通噪声的来源

　　按照轨道交通噪声产生的声源不同，轨道交通噪声问题主要来自四个部分（图 2-1）：在列车作用下，桥梁等结构振动产生的结构噪声；车轮、钢轨的接触面引起轮轨的垂向振动所致的轮轨噪声；受电弓与接触网高速摩擦产生的集电系统噪声；列车时速增大后，车体表面气流高速流动产生的车体气动噪声[6]。

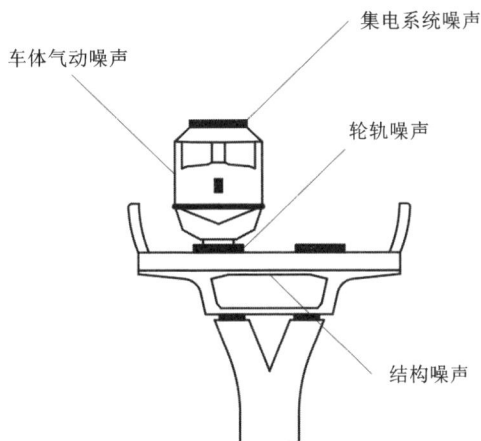

图 2-1　轨道交通噪声来源[7]

2.2.1 结构噪声

结构噪声是由列车作用引起的结构振动所产生的。以高架结构为例，列车通过高架结构时，列车引起的轨道结构振动会导致高架结构产生振动，并通过高架结构各部件从地面向邻近建筑物传递。由于结构振动的辐射面积一般较大，常见的在结构上安装声屏障降噪的方式对结构噪声几乎没有效果。控制结构噪声最有效的方法是采取隔振措施以降低轨道传递给结构的振动。

2.2.2 轮轨噪声

轮轨噪声包括轮轨滚动噪声、冲击噪声和曲线啸叫[8]。对高速铁路而言，轮轨噪声主要是指轮轨滚动噪声，该噪声由轮轨表面粗糙度激发车轮、钢轨和轨枕结构振动，并通过周围空气向外传播而产生。研究表明，频率低于 500 Hz 的轮轨滚动噪声主要来自轨枕；频率在 500~1600 Hz 的轮轨滚动噪声主要来自钢轨；频率超过 1600 Hz 的轮轨滚动噪声主要来自车轮[9]。

2.2.3 集电系统噪声

集电系统噪声包括弓网滑动噪声、电弧噪声及气动噪声。弓网滑动噪声由受电弓与接触网之间产生的相对滑动导致周围空气产生高频振动而产生。在高速列车发车和停车时，该噪声占主导地位。电弧噪声是指受电弓与接触网发生瞬间脱离时产生的弧光噪声，该噪声可通过在受电弓与接触导线的接触部分采用柔性结构进行消除。气动噪声主要由列车受电弓系统导致的气动阻力引起，该噪声所占比例随列车运营速度的提升而增加。

2.2.4 车体气动噪声

车体气动噪声可分为气流流经列车结构部件表面产生的气动噪声和湍流流动产生的气动噪声两大类[10, 11]。前者的噪声源包括受电弓、受电弓底座、车辆连接处、车顶百叶窗、转向架、空调通风设备等。以受电弓为例，列车在高速运行时，受电弓各杆件会引起非稳态气流，形成周期性的旋涡脱离，从而导致噪声的产生。后者的噪声源主要包括车身表面、车头和车尾。其中，车身表面的湍流由车身表面的湍流层引起，车头处的湍流主要由车身表面的状态变化引起。

四大类噪声中，哪种噪声占主导地位主要取决于列车运营速度，如图 2-2 所示。列车运营速度可分为三个区段，两个不同区段分界点的列车运营速度称为声学转换速度。该速度与列车状态、轨道状态、减振降噪措施有关。一般而言，当列车运营速度在区段 I 时，主要噪声表现为集电系统噪声；当列车运营速度在区段 II 时，主要噪声表现为轮轨噪声；当列车运营速度在区段 III 时，主要噪声表现为车体气动噪声；结构噪声通常不占主导地位。目前，我国列车的运营速度正逐步提高，轮轨噪声和车体气动噪声逐渐在轨道交通噪声中占主导地位。

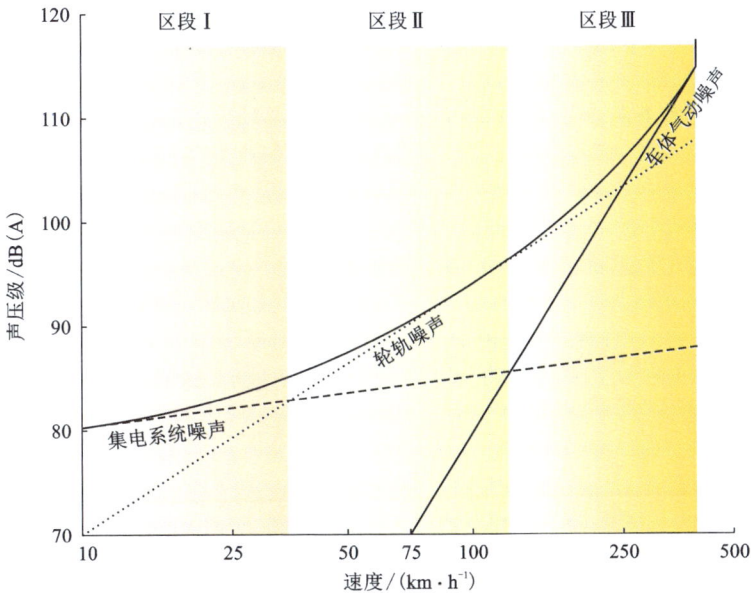

图 2-2 列车速度与噪声的关系[12]

2.3 轨道交通噪声的控制措施

前文提到，根据噪声产生来源，轨道交通噪声可以分为结构噪声、轮轨噪声、集电系统噪声、车体气动噪声四大类。对于高架轨道交通而言，结构噪声特指桥梁结构噪声。本节简要介绍针对这四类噪声的降噪措施，同时，本节还对轨道交通噪声主要控制措施之一的声屏障做简要介绍。

2.3.1 结构噪声的降噪措施

轨道交通中的结构噪声属于振动噪声的范畴，该噪声主要集中在 0～200 Hz 频段。表 2-6 列出了不同构造的桥梁与普通线路相比的声压级增加值，与路基区段相比，桥梁区段噪声增加了 0～20 dB。在噪声地图上，桥梁往往形成噪声热点区域。由表 2-6 可知，钢结构桥梁所产生的噪声增加值要远大于混凝土桥梁。混凝土桥梁的结构噪声较小且处于低频范围，对铁路综合噪声的贡献较小。而钢结构桥梁的结构噪声较大且处于中高频范围，对铁路综合噪声的贡献较大。

表 2-6　不同构造的桥梁与普通线路相比的声压级增加值[13]

铁路桥梁构造类型	声压级增加值/dB
有砟道床的混凝土或混凝土板与钢梁的组合结构	0～5
无砟道床的混凝土或混凝土板与钢梁的组合结构	5～10
有砟道床钢结构	5～10
无砟轨道道床或钢轨直接安装在纵梁上的钢结构	10～15
钢轨直接固定在钢板道床上的钢结构	15～20

降低桥梁结构噪声的思路有四种，即减少由轨道输至桥梁的激励[14]、改善桥梁结构的动力特性[15, 16]、采取吸振或阻振措施、采用吸声和隔声技术。减少由轨道输至桥梁的激励的方法主要有两种：第一种是减少高架轨道系统的总输入激励，即减小轮轨相互作用；第二种是增大轨道系统的弹性。改善桥梁结构的动力特性一般可以通过调整主梁截面形式、截面尺寸以及采用新型建筑材料来实现。采取吸振或阻振措施通常是指在桥梁结构表面敷设阻尼结构以增加结构阻尼性能。表面阻尼结构可分为自由阻尼层结构和约束阻尼层结构两种基本形式。采用吸声和隔声技术主要是通过安装吸声天棚或悬挂空间吸声体等吸声结构，以及设置全封闭式声屏障包裹整个高架结构等达到吸声与隔声的目的。

2.3.2　轮轨噪声的降噪措施

轮轨噪声属于振动噪声的范畴，凡是能减小轮轨振动的措施均能降低轮轨噪声。一是降低轮轨表面粗糙度可有效降低轮轨噪声，如消除钢轨接头、定期打磨钢轨、镟削车轮、定期涂油等[17]。二是对钢轨和车轮采取减振和动力吸振措施能更好地抑制轮轨噪声[18]。国内外学者对后者进行了大量研究，本小节着重介绍这类降噪措施。此外，对于曲线啸叫引起的噪声，则在线路的曲线设置段，有条件的情况下尽量将曲线半径设置得大一些，越大越有利于降低轮轨噪声。

1. 轨道吸声板

轨道吸声板的降噪原理为：声波进入吸声板细微孔隙后，立即引起孔隙中空气和材料纤维的振动，在摩擦力和黏滞阻力的作用下，声能以热能的形式被吸收和耗散，从而达到吸声并减小噪声传播的目的。当声波遇到吸声板时，一部分声能会被反射，一部分声能会向吸声材料内部传播并被吸收，还有一部分声能会透过吸声材料继续传播。

目前，轨道吸声板在国内外已有广泛应用，并取得了较好的效果。为应对高速铁路引起的噪声问题，德国开发了以人工黏土陶粒、天然砂等作为吸声主要材料的不同类型的轨道吸声板，并在车站封闭区间、隧道封闭区间、正线区间露天环境下进行了应用[19]。

为应对日本新干线板式轨道的噪声问题，日本铁道综合技术研究所开发了板式轨道吸声板。该轨道吸声板既可以在既有板式轨道上安装，也可以与混凝土轨道板制成一体。前者安装在强化塑胶材料制成的框架中，该框架强度高且绝缘性能好；后者与混凝土轨道板制成一体，不仅吸声性能好而且价格低廉。

我国学者对轨道吸声板也开展了研究。仲新华等基于多孔材料吸声机理，研发了一种以膨胀珍珠岩为骨料的强吸声材料[20]，其适用于无砟轨道的轨道吸声板。轨道吸声板在我国多条铁路线上得到了应用，如遂渝线和成灌线。其中，遂渝线铺设了以珍珠岩为吸声主材的轨道吸声板。现场试验结果表明，在轨道中心线 7.5 m 处，铺设吸声板后可降噪 2.8 dB(A)；在轨道中心线 30 m 处，铺设吸声板后可降噪 1.2 dB(A)。此外，上海、北京和南京地铁均铺设了轨道吸声板。

2. 钢轨阻尼装置

目前，国外主要有约束阻尼式、吸振器式、埋入式和辐射屏蔽式等钢轨阻尼装置[21]。约束阻尼式钢轨阻尼装置主要利用阻尼层产生的剪切变形来消耗能量，使钢轨振动迅速衰减，从而达到减振降噪的目的。该装置主要用于城轨铁路。吸振器式钢轨阻尼装置主要利用吸振器的振动以及其中的阻尼材料降低钢轨振动能量。埋入式钢轨阻尼装置将钢轨由传统离散支承变为纵向连续支承，并在钢轨周围填充特殊减振降噪材料，从而实现钢轨的减振降噪。该装置主要用于普速铁路。辐射屏蔽式钢轨阻尼装置将钢轨底面和侧面包裹住，并在内部放置吸声材料，该装置同时具有隔声和吸声的作用。该装置主要用于普速铁路。

3. 车轮的减振和吸振处理

J. F. Brunel 等对环形车轮阻尼器进行了理论分析和试验，结果表明，该阻尼器可以有效抑制车轮通过曲线段的啸叫声，降噪效果甚至高达 20 dB[22]。Färm 对板式车轮阻尼器进行了测试分析，发现当列车运行速度在 80 km/h 和 200 km/h 时，该阻尼器对后车轮辐射噪声的降噪量可分别达到 1 dB 和 3 dB，且对于 2 kHz 以上频段的噪声可降低 4~5 dB[23]。法国 RONA 项目综合运用材料改造和吸振器技术，设计了踏面和辐板分别由钢材和铝材制成的复合材料车轮。现场试验表明该车轮可降噪 12 dB[9]。

国内学者也对阻尼车轮进行了研究。薛弼一等基于国内某直型辐板地铁车轮开发了一种新型辐板屏蔽式阻尼器。室内试验表明，该新型阻尼车轮在径向和轴向激励下总辐射声压级可分别降低 12.4~13.5 dB 和 12.4~14.7 dB[24]。雷晓燕等基于国内标准客车车轮研制出一种新型阻尼车轮。试验表明，该阻尼车轮在 1200~5000 Hz 频段内的振动传递函数幅值有较大幅度下降，在径向和轴向激励下，总噪声级可降低 10 dB 以上[25]。

2.3.3 集电系统噪声的降噪措施

在列车运营过程中，集电系统噪声主要为列车受电弓系统产生的气动噪声。降低这种气动噪声的方法主要有两种，即优化受电弓自身气动性能[26-28]和安装防风罩、导流罩等装置[29]。前者可通过平滑受电弓弓头和支撑、采用多孔材料覆盖受电弓表面等方式实现。

在受电弓的噪声控制方面，日本新干线最为出色。日本新干线从 0 系列到 300 系列全部采用的是菱形受电弓，这种受电弓结构复杂，降低气动噪声只能通过减少受电弓数量实现。随后，日本研究团队研发出了一种具有较好降噪效果的 T 形受电弓，并将其用于日本新干线 500 系列。后来，日本新干线 700 系列投入运营，其采用的是一种 V 形受电弓。这种新型受电弓不仅减少了杆件数量，而且对碳滑板和弓角的流场进行了控制，与 T 形受电弓相比，V 形受电弓的降噪效果更为明显。为进一步降低受电弓底架中央处的气动噪声，日本研究团队又开发了一种悬臂支撑主框架的 PS9037 受电弓。随后为了消除 PS9037 受电弓中间铰链的噪声，在其基础上又研发出了 PS9038 受电弓，该类型受电弓除了主框架的悬臂支撑外，还将下框架包含在防风罩内，使得受电弓的气动噪声进一步降低。

2.3.4　车体气动噪声的降噪措施

研究表明，高速列车车体气动噪声与列车运行速度的 6~8 次方成正比[30]。当列车运行速度超过 250 km/h 时，气动作用引起的空气动力噪声对列车整体噪声的贡献量将超过轮轨噪声和结构噪声[31]。如何控制车体气动噪声已成为设计新型高速列车的关键问题[32]。车体气动噪声的降噪途径主要有提高列车整体性、平顺性、密封性，以及减少空气阻力等。由于引起列车空气动力噪声的噪声源较多，针对各个噪声源的降噪措施稍有差别。

针对列车转向架位置的噪声，可在转向架两侧适当高度处设置外形面与车体一致的车底裙板结构，通过阻挡侧向涌入转向架部位的气流来降低车外纵向气流阻力，从而起到降噪作用[33, 34]。黄莎等通过实验发现，在列车运行速度达到 300 km/h 时，该降噪措施可使车外总声压级降低 1.3 dB。若适当增加裙板面积，降噪效果可提高至 2.08 dB[35]。

针对车辆连接部分的噪声，设置外风挡和缩小两车体外表面间距可以起到较好的降噪效果[33, 34]。黄莎等对该降噪措施也进行了实验分析，结果表明采用全风挡方案可降噪 4.27 dB[36]。

针对车体的噪声，可通过对车头和车尾进行流线型优化、保持车身表面平顺光滑、确保车门及车窗密封性等措施降低噪声辐射。

2.3.5 当前轨道交通最常用的降噪措施——声屏障

在声源与受声点之间插入一个有足够面密度的密实材料板或墙，使声波受到显著的附加衰减，这样的障碍物称为声屏障。声屏障降噪的理论依据是惠更斯-菲涅耳原理(Huygens-Fresnel principle)[37]。噪声源产生的声波经由媒质传播到声屏障后，会以三种不同的方式继续传播。第一种是直射声在声屏障壁面被反射，第二种是直射声穿过声屏障到达受声点，第三种是衍射声越过声屏障顶端到达受声点，即反射、透射和衍射三种传播方式。声屏障的作用就是阻挡直射声，隔离透射声，并使衍射声有足够的声程衰减，如图2-3所示。

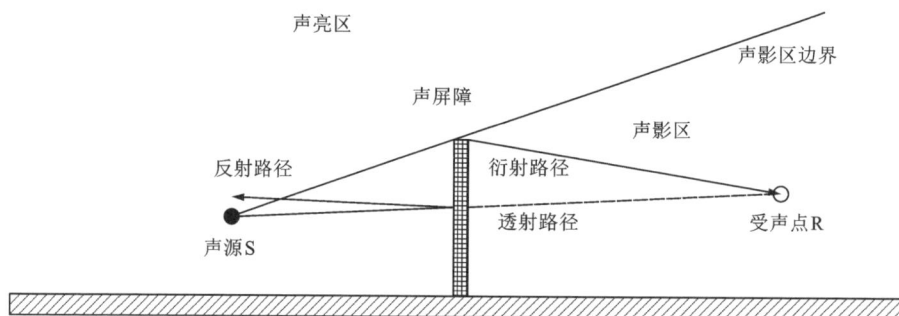

图2-3 声屏障对噪声源声传播的影响

根据轨道交通实测结果，并结合列车和桥梁的实际高度，可以将高速铁路噪声源按高度划分为集电系统、车体、轮轨区、桥梁结构四个区域[38]。

1.集电系统

轨面以上3.9 m至轨面以上6 m区域，覆盖受电弓和接触网线高度，主要包括受电弓空气动力噪声、弓网摩擦噪声、火花电弧噪声。

2.车体

轨面以上1.0 m至轨面以上3.9 m区域，包含列车侧面、车顶部分及车头部分的空气动力噪声。

3. 轮轨区

为轨面以下 0.4 m 至轨面以上 1.0 m 区域, 覆盖列车车轮及钢轨, 以轮轨噪声和转向架空气动力噪声为主。

4. 桥梁结构

轨面以下 3 m 至轨面以下 0.4 m 区域, 主要由桥梁腹板、翼板结构辐射噪声组成。

根据《声屏障技术与材料选用手册》[39]规定, 声屏障设计高度不宜超过 5 m。因此, 声屏障无法对轨面 5 m 以上及轨面以下的噪声产生降噪效果。综上所述, 声屏障可有效降低轮轨区域噪声及车体区域噪声, 对部分集电区域噪声起到控制作用, 无法对桥梁结构噪声进行控制。

声屏障的结构设计是影响声屏障降噪效果的关键环节, 声屏障结构设计主要包括声屏障的结构形状、高度、位置和材料等。根据声屏障顶端结构形式, 可分为直立型、内倾型、外倾型、倒 L 型、Y 型、T 型、圆弧型、人字型等。其中, 圆弧型、T 型声屏障的降噪效果较好, 直立型声屏障的降噪效果最差[40-43]。此外, 有学者还研发了顶端为微穿孔结构的声屏障[44]及主动降噪型声屏障[45], 均具有较好的降噪效果; 声屏障高度的变化对声屏障的降噪效果有较为明显的影响。研究表明, 声屏障的降噪性能随着声屏障高度的增加近似呈对数上升[40-43], 实际可达到的最大降噪量约为 24 dB; 声屏障的安装位置会对其降噪性能产生一定程度的影响, 确定轨道交通声屏障的安装位置时须考虑轨道位置、维护路线通道和缆线布置等因素。一般来说, 声屏障离噪声源越近, 降噪效果越好[46]; 根据使用材料, 声屏障可分为刚性声屏障和吸声型声屏障。刚性声屏障设计简单, 实际应用过程中多采用造价低的水泥板或者黏土多孔砖墙, 降噪效果较差[47, 48]。吸声型声屏障附着了吸声材料或结构, 具有较好的降噪效果。吸声材料或结构的差异以及布置位置的差异会影响这类声屏障的吸声性能, 常用的吸声材料有珍珠岩、玻璃纤维棉、水泥木屑等[20, 49]。轨道交通噪声源分布在列车、轨道、结构等多个位置, 声屏障对不同位置的噪声源具有不同效果, 合理的声屏障设计还需要综合考虑不同位置噪声源的影响。

需要指出的是, 轨道两旁的建筑物也可以使声波能量产生显著衰减, 因此轨道两旁的建筑物也可被视为声屏障。然而, 建筑物具有各种各样的形式, 不同形式的建筑群具有不同的声波衰减特性，人们缺乏普遍适用的估计方法。通常来说，一排独立的建筑物能减少约 5 dB 的轨道交通噪声。建筑物达到两排及以上时，衰减量最多可达 10 dB。因此，为了减少轨道交通噪声对居民生活区的影响，可靠近轨道两侧修建诸如仓库、工厂和商店等对噪声敏感度不高的建筑物。

2.4 本章小结

本章首先介绍了噪声的相关概念和常识，并具体论述了轨道交通噪声对沿线居民区和工作区的危害。然后阐述了不同环境功能区下轨道交通噪声的国家评价标准。接着结合国内外学者的研究，分别介绍了结构噪声、轮轨噪声、集电系统噪声、车体气动噪声，以及对应的控制措施。最后指出声屏障具有良好的降噪效果，是轮轨区域、车体区域有效的降噪手段。本章旨在说明轨道交通噪声问题已成为不可忽视的问题，强调了控制轨道交通噪声的重要性和必要性，为城市轨道交通的可持续发展提供了依据。

参考文献

[1] 朱程.高速列车整车气动噪声源特性研究[D].大连：大连交通大学，2018.

[2] 周新祥.噪声控制及应用实例[M].北京：海洋出版社，1999.

[3] 声环境质量标准：GB 3096—2008[S].北京：中国环境科学出版社，2008.

[4] 铁路边界噪声限值及其测量方法：GB 12525—1990[S].北京：中国标准出版社，1991.

[5] 城市轨道交通引起建筑物振动与二次辐射噪声限值及其测量方法标准：JGJ/T 170—2009[S].北京：中国建筑工业出版社，2009.

[6] 杜全军.市域快线高架段环境噪声特性研究[D].成都：西南交通大学，2021.

[7] 王帅.城市轨道交通声环境的影响预测与降噪措施研究[D].西安：西安建筑科技大学，2015.

[8] 雷晓燕，圣小珍.铁路交通噪声与振动[M].北京：科学出版社，2004.

［9］ THOMPSON D J, GAUTIER P－E. Review of research into wheel/rail rolling noise reduction［J］. Proceedings of the Institution of Mechanical Engineers Part F Journal of Rail and Rapid Transit, 2006, 220(4)：385-408.

［10］ KITAGAWA T, NAGAKURA K. Aerodynamic noise generated by shinkansen cars ［J］. Journal of Sound and Vibration, 2000, 231(3)：913-924.

［11］ TALOTTE C. Aerodynamic noise：A critical survey［J］. Journal of Sound and Vibration, 2000, 231(3)：549-562.

［12］ 张曙光. 350 km·h^{-1} 高速列车噪声机理、声源识别及控制［J］. 中国铁道科学, 2009, 30(1)：86-90.

［13］ 刘林芽, 雷晓燕, 练松良. 铁路线路噪声特点分析［J］. 噪声与振动控制, 2006(3)：77-80.

［14］ WANG A, COX S J, GOSLING D, et al. Railway bridge noise control with resilient baseplates［J］. Journal of Sound and Vibration, 2000, 231(3)：907-911.

［15］ JANSSENS M H A, THOMPSON D J, VERHEIJ J W. Application of a calculation model for low noise design of steel railway bridges［C］. 1998.

［16］ AUGUSZTINOVICZ F, MÁRKI F, CARELS P, et al. Noise and vibration control of the south railway bridge of budapest［C］. Tenth International Congress on Sound and Vibration, 2003：7-10.

［17］ 赵才友. 高架轨道交通环境振动与噪声关键技术研究［D］. 成都：西南交通大学, 2013.

［18］ 孙晓静. 地铁列车振动对环境影响的预测研究及减振措施分析［D］. 北京：北京交通大学, 2008.

［19］ 刘兰华. 列车运行引起的高速铁路综合站区噪声问题研究［D］. 北京：中国铁道科学研究院, 2018.

［20］ 仲新华, 谢永江. 高性能水泥基吸声材料［J］. 中国铁道科学, 2006(3)：43-46.

［21］ BETGEN B, BOUVET P, THOMPSON D T, et al. Assessment of the efficiency of railway wheel dampers using laboratory methods within the STARDAMP project［C］//Acoustics 2012. 2012：22-26.

［22］ BRUNEL J F, DUFRÉNOY P, DEMILLY F. Modelling of squeal noise attenuation of ring damped wheels［J］. Applied Acoustics, 2004, 65(5)：457-471.

［23］ FÄRM J. Evaluation of wheel dampers on an intercity train［J］. Journal of Sound and Vibration, 2003, 267(3)：739-747.

［24］ 薛弼一, 王谛, 肖新标, 等. 辐板屏蔽式阻尼车轮振动声辐射特性试验研究［J］. 机

械工程学报, 2013, 49(10): 1-7.

[25] 雷晓燕, 张鹏飞. 阻尼车轮减振降噪的试验研究[J]. 中国铁道科学, 2008(6): 60-64.

[26] KURITA T, HARA M, YAMADA H, et al. Reduction of pantograph noise of high-speed trains[J]. Journal of Mechanical Systems for Transportation and Logistics, 2010, 3(1): 63-74.

[27] SUEKI T, IKEDA M, TAKAISHI T. Aerodynamic noise reduction using porous materials and their application to high-speed pantographs[J]. Quarterly Report of RTRI, 2009, 50(1): 26-31.

[28] IKEDA M, SUZUKI M, YOSHIDA K. New designing procedure for pantograph of high-speed trains[C]. 2006.

[29] 罗丹, 肖守讷, 阳光武. 碳纤维复合材料受电弓导流罩降噪优化设计[J]. 铁道机车车辆, 2013, 33(S1): 83-86.

[30] 袁旻忞, SHEN A, 鲁帆, 等. 高速列车噪声与速度变化关系分析[J]. 应用声学, 2014, 33(2): 184-188.

[31] 方晨宇. CRH380B型高速列车空气动力噪声的数值模拟研究[D]. 兰州: 兰州交通大学, 2019.

[32] 崔鹏翔. CRH2型高速列车气动噪声及其影响的数值计算[D]. 成都: 西南交通大学, 2015.

[33] 朱剑月, 景建辉. 高速列车气动噪声的研究与控制[J]. 国外铁道车辆, 2011, 48(5): 1-8.

[34] 孙艳军, 夏娟, 梅元贵. 高速列车气动噪声及减噪措施介绍[J]. 铁道机车车辆, 2009, 29(3): 25-28.

[35] 黄莎, 杨明智, 李志伟, 等. 高速列车转向架部位气动噪声数值模拟及降噪研究[J]. 中南大学学报(自然科学版), 2011, 42(12): 3899-3904.

[36] 黄莎, 梁习锋, 杨明智. 高速列车车辆连接部位气动噪声数值模拟及降噪研究[J]. 空气动力学学报, 2012, 30(2): 254-259.

[37] 石顺祥, 王学恩, 马琳. 物理光学与应用光学[M]. 4版. 西安: 西安电子科技大学出版社, 2021.

[38] 胡文林, 胡叙洪, 齐春雨, 等. 高速铁路噪声源区划及各区域声源贡献量分析[J]. 铁道标准设计, 2016, 60(3): 163-166.

[39] 声屏障信息门户网专家组. 声屏障技术与材料选用手册[M]. 北京: 机械工业出版社, 2011.

［40］刘荣珍，杨新文，李艳敏.高速铁路声屏障几何形状对降噪效果的影响［J］.计算机辅助工程，2009，18（1）：43－46.

［41］MURATA K，NAGAKURA K，KITAGAWA T，et al. Noise reduction effect of noise barrier for shinkansen based on Y-shaped structure［J］. Quarterly Report of RTRI，2006，47（3）：162－168.

［42］徐洲.铁路直立型与内倾型吸声声屏障降噪效果分析［J］.污染防治技术，2009，22（5）：23－26.

［43］辜小安.我国铁路声屏障应用效果的评价［J］.铁道劳动安全卫生与环保，2005（1）：12－14.

［44］毛东兴，夏峻峰，洪宗辉.顶部带吸声柱体的微穿孔声屏障的应用研究［J］.声学技术，1999（1）：26－29.

［45］尹皓，朴泰善，曾凤柳，等.声屏障顶端降噪器在铁路声屏障工程中的应用［J］.铁路节能环保与安全卫生，2012，2（5）：235－238.

［46］马心坦，辛明林，杨绍普.铁路声屏障与轨边矮墙优化设计研究［J］.北京交通大学学报，2006（1）：91－95.

［47］蒋伟康，陈光冶，张继萍.轻轨交通新型声屏障技术［J］.上海交通大学学报，2001（12）：1869－1872.

［48］尹皓，李耀增，辜小安.高速铁路声屏障降噪效果及其影响因素分析［J］.中国铁路，2009（12）：45－46.

［49］韦勇.新型高速铁路声屏障的应用［J］.中国铁路，2010（10）：71－72.

第3章

基于城市设计的轨道交通高架桥冲击解决方案探讨

近年来，我国城市已陆续步入由增量发展到存量更新的转型期，城市发展的重心正在转向城市功能提升、城市空间修补和城市生态修复。在城市高质量发展、人民对美好生活需求日益增加的时代背景下，城区内的轨道交通建设，不能只考虑纯功能性设计，而不顾给城市在环境和规划方面带来的不良影响。轨道交通产生的噪声是影响周边居民生活质量的主要问题之一。此外，轨道交通建设带来的城区空间分割也是城市转型发展阶段中不容忽视的问题。本章以具体工程案例为依托，探讨研究考虑轨道交通干扰下的城市更新设计方案，或者说是基于城市设计的轨道高架线路的设计思考，并以深圳市西丽—塘朗山段铁路扩建项目所处的西丽核心区为例，探讨这一类复杂城市建设问题的解决思路。

3.1 基于城市设计的轨道交通建设经验分析

3.1.1 "站城一体"理念带来的思考

日本在处理轨道交通（包括高铁和地铁等）与城市发展的关系上，被业界公认为有诸多成功经验。日本从 20 世纪 90 年代起，在交通极度便利的铁路车站进行立体化、复合化开发，打造出多个"站城一体"的经典项目，促成经济及人流的高度聚集，周边片区的土地价值随之大大提升，成为城市价值的高地。

　　东京站站前的丸之内片区，是"站城一体"开发建设理念的典型代表。丸之内片区在规划之初就着眼于 20 年后的发展蓝图。该项目张弛有序地进行功能配置，同时建立长期跟踪的规划咨询制度，不断修正方案，不仅应对了城市发展战略的变化、环境意识的提升、国际环境的变化，还带来片区整体价值的持续提升。丸之内以东京站为核心，以 13 站、28 线轨道交通为骨架，为片区的高强度开发提供了强大的交通支撑。丸之内聚集了 28 万就业人口，全球最著名的跨国企业以及日本最强的银行、保险、地产企业总部均聚集于丸之内，是名副其实的中央商务区和日本最重要的金融、经济中心，创造了东京最高的城市土地价值。

　　2001 年开始，以"提高国际城市东京的魅力"为目的，日本先后出台了《都市再生特别法》《创设都市计划提案制度》等一系列诱导型城市开发政策，将私有用地与公共用地、土地与建筑等要素融合在一起统一规划、建设和运营，吸引市场大量参与东京站区域再开发，通过容积率转移和奖励等措施激发地下空间综合利用的动力，使东京日益成为拥有高质量公共空间的成熟城市。地方层面，由市（东京都）、区（千代田区）、铁路企业（JR 东日本）与主要土地所有者组织城市建设座谈会，共同展望未来发展愿景，制定形成"城市建设导则"，展现"未来蓝图""规则""建设方法"等内容，规范各种城市建设工作，统筹本地区的建筑物以及基础设施更新，对城市建设起到引领示范的作用。结合地方具体情况，提出城市设计、城市功能、环境、交通、步行者网络及天际线等的思路和具体规则，以及容积转移型和用途替换型等具有特色的建设方法。同时针对"站城一体"开发制定特例容积率制度，给予开发者更灵活的容积率处置办法，并通过法律形式确定。

　　日本多个"站城一体"经典案例，政府层面都在规划阶段就积极引导民间参与方案研讨。在东京站周边土地开发前，先由有意愿的开发商向政府提出其开发构想，经政府认可后再提出开发方案导则。由政府、民间业主、技术团队多方成员共同组建的"委员会"负责持续统筹协调机制。政府保持对项目的严格控制，对公共设施、市政设施提出明确要求，而开发主体不但要承担项目本身的建设，还需要去完成这些重要基础设施的建设、提升的工作。通过政府与民间的持续沟通合作，在城市规划阶段同步考虑未来地块运营时的需求，同步开展城市运营阶段的商业策划、商业设计研究，并无缝对接、反馈给规划者，实现规划与运营的互动反馈，使得最终审批的城市规划（法定图则）成为具有实用性的、真正好用的规划，大大地避免了"不好用的规划"在后期运营阶段大量的、费时费力费钱的修补改造。以丸之内为例，三菱地所株式会社在丸之内片区拥有 30% 物业的产权，成为片区城市建设协会的统筹者，与政府一起进行统一的规划、建设、运营，吸引市场大量参与丸之内片区的再开发。三菱地所株式会社的统筹协调作用在运营阶段发挥得更加淋漓尽致，实现了 1000 多间商业街铺、4300 家事务所、2550 家上市公司，以及美术馆、博物馆、剧场、画廊共 6 家，13 家酒店，4 家电影院的高效运转，形成丸之内片区对外宣传的交流平台，保持了片区的持续高质量运作。

"站城一体"的理念不仅仅是将车站和城市进行一体化的设计，其更可贵的是轨道交通的建设与城市空间的规划和发展的专业边界被彻底打破，且紧密地融合在一起。

3.1.2　以人为本理念带来的思考

作为人口密度较高的城市，东京轨道交通建设与地下空间开发紧密结合，形成四通八达的地下空间体系，呈现网络化、立体化、综合化、舒适化的特点。东京站利用地下空间，在约 2 km² 范围内分布 100 个以上的站点出入口，通过缩短高铁与地铁换乘距离、免除安检、拓宽过闸区、设立清晰标识、利用车站—步道—商业建筑的相连，实现交通与商业办公空间的无缝连接，打造优雅舒适的立体化步行环境。因此，东京站片区进出站客流 90% 以上采用步行方式，90% 的步行出行距离控制在 800 m 以内，时间在 10 min 以内，大幅提高了集散效率，使得片区小汽车出行比例降至 10% 以下，大大缓解了地面交通压力（图 3-1~图 3-3）。

在不影响客流的前提下，在候车区域和换乘通道内，引入旅客所需的商业和文化娱乐设施，可以明显改善车站空间环境，提升旅客出行舒适感。东京站站内商场、站外商场、车站大楼、地下商业街等共同构成复合式、高强度、高密度、紧凑型的立体三维日式车站城。东京站八重洲地下商业街 1、2 通道，设置地下两层 180 个商铺共计 1.8 万 m² 商业区，针对通勤族主打时尚潮流生活馆，针对海外旅客推出免税店，年营业额近 10 亿元人民币。东京站的铁路线路乘客无须候车，随到随走，不限座位，站内仅有面积不足 200 m² 的候车厅作为象征，车站成为游人驻足回忆东京站历史的观光点。

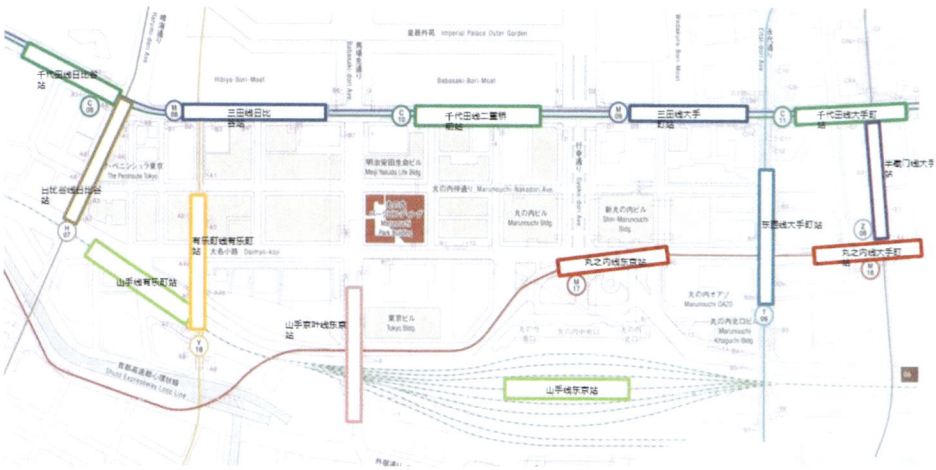

图 3-1　丸之内轨道交通网络图

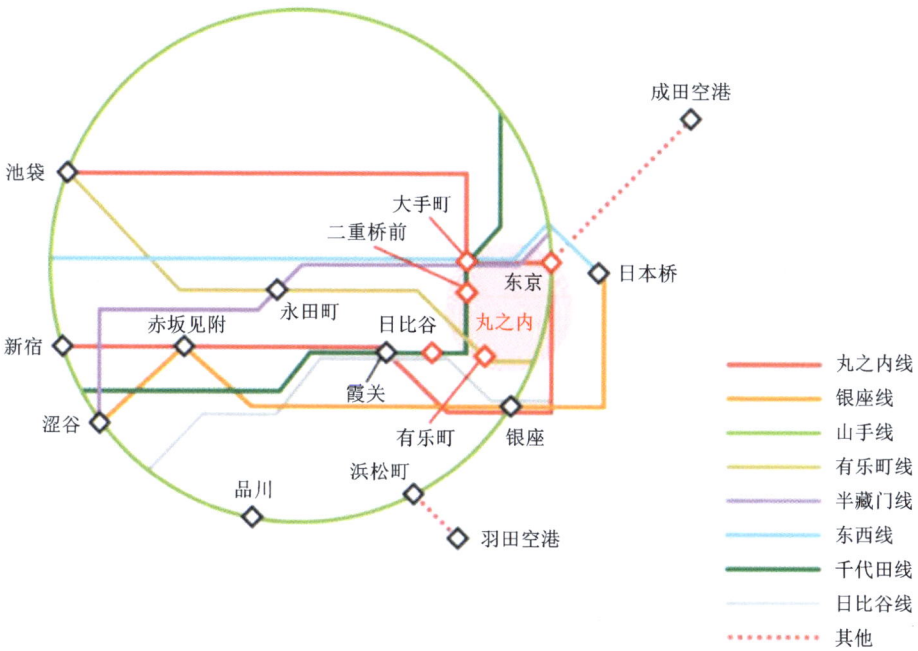

图 3-2　丸之内轨道交通对外联络图

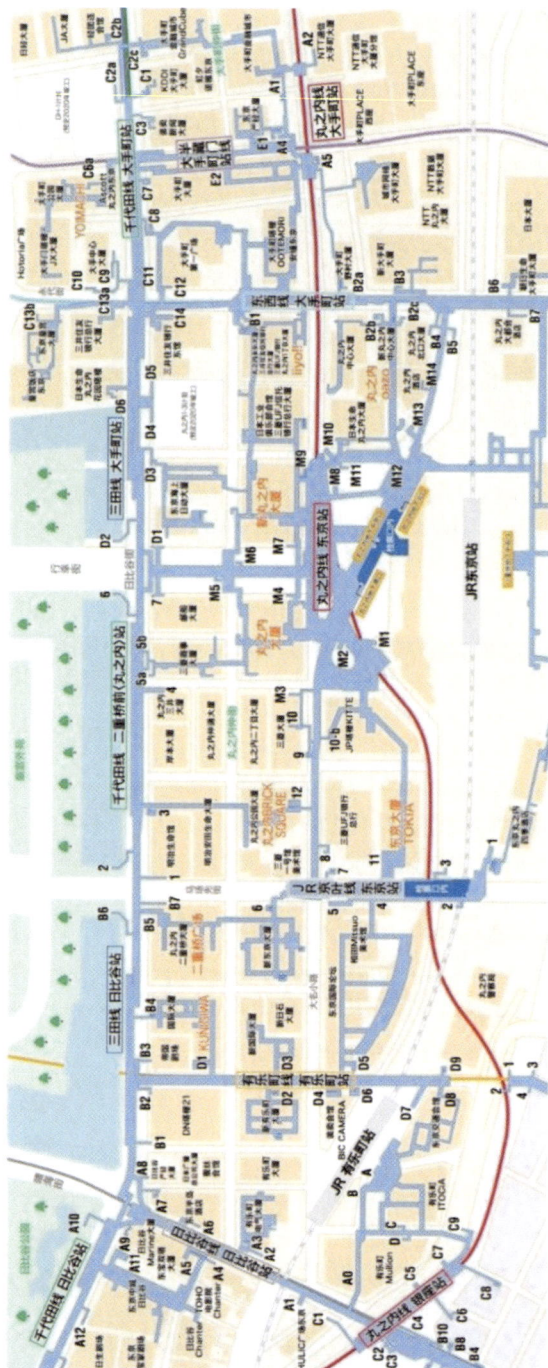

图3-3 丸之内地下人行网络图

在该项目启动期，以轨道交通建成开通作为契机，通过会展中心等公共设施的设置，为片区聚集国际商务功能，进一步承载大型企业总部以及研发转移。而随着大量客流的进入，城市功能进一步得到发展，在新建城区通过提供城市公园、体育设施及酒店等生活性配套设施，为大量随轨道而来的旅客提供充足的商务休憩空间，同时提升城市形象。在项目发展完善期，通过居住及商业配套完善城市功能体系，引领城市功能升级，进而全面打造出舒适、具有吸引力的居住环境，满足未来就业人口及周边人群的居住需求，促进产城融合。

日本的站域建筑空间塑造上，注重公共空间、站体、自然空间的联通，提升空间的开放性。例如在站前广场及下沉广场，可通过玻璃幕墙加强站内站外的视觉联系，达到通透开放的效果；办公大楼首层大堂通过与地下空间出入口、外围城市道路结合，形成室内城市通廊。同时，在设计中充分利用自然条件，解决通风采光问题，提升环境舒适度和节能效率。例如涩谷 Hikarie 充分利用列车风，在公共开放区域设置自然通风换气节能系统；京都站采取非封闭式的透光屋面，实现站内站外的空气流通和自然光线渗透，提升站内舒适性和内外空间联系。

丸之内片区早期建筑已有 130 年历史，在漫长时间内并未采用全部拆除方式进行片区内的城市更新再造，而是以百尺(31 m)高度为标准，利用具有重要历史纪念意义的临街建筑檐线作为城市表情线，同时通过将首层功能转换为商店、增加和优化绿化景观、开放街道供企业举办活动及展示，增强街道的公用性，持续渐进打造富有活力且兼具人文关怀和历史记忆的街区。

上述种种措施，都体现了以人为本的理念，轨道交通建设在关注交通的同时，更关注人所生活的城市空间。

3.1.3　轨道上盖工程案例解析

1. 巴塞罗那铁轨花园——国外混凝土结构全封闭上盖案例

在巴塞罗那桑兹区中，建于 20 世纪的 30 m 宽的 8 条铁轨并列而行，长800 m，将城市一分为二，不仅破坏了城市本应流畅的功能转接，同时也带来了巨大的噪声，进一步降低了城市空间的质量。上盖方案将一个通透的"盒子"笼罩在铁轨上方，最终打造出一个 800 m 长的空中花园(图3-4)。

图 3-4　巴塞罗那铁轨花园实景图

2.纽约高线公园——国外城市核心区上盖公园案例

纽约高线公园基于历史悠久的高架货运铁路而建，是一个将公园、社区、街道以及城市融为一体的公共空间。游客们可以在这里欣赏纽约市的独特风景，同时体验艺术、表演和社交的乐趣。凭借 360°的全景视野，人们通过全新的方式与城市环境形成连接。建在高架货运铁路之上的公共空间具有牢固性、简洁性和美观性，它把原本废弃的高架货运铁路转变为艺术表演的舞台、富有特色的公园(图 3-5)。

图 3-5　纽约高线公园实景图

3.京张高铁——国内首个应用混凝土框架结构封闭式声屏障工程

京张高铁线路途经清华大学汽车研究所、紫荆学生公寓、西二旗智学苑和新硅谷小区、昌平保利香谷罗兰小区等人口众多区域。高铁运行时轮轨摩擦、车体与空气摩擦产生的噪声，对学校及居民有较大影响。为了解决噪声问题，京张高铁在这些区域设置了混凝土框架结构封闭式声屏障(图 3-6)，长度总计 2.43 km。

该声屏障是国内首个混凝土框架结构封闭式声屏障，相当于在高铁线路上盖了一个"地面隧道"。通过安装在声屏障上的隔音和吸音材料，降低、削弱高铁运行时噪声的音频和音量，从而达到国家相关要求，不影响高校及居民的正常学习、生活。其免维护，大大降低了维护成本，同时混凝土结构比钢结构大幅节省造价。

图3-6　京张高铁混凝土框架结构封闭式声屏障实景图

4. 重庆沙坪坝高铁枢纽——国内首个高铁上盖商圈TOD项目

重庆沙坪坝高铁枢纽是全国首个高铁上盖商圈TOD（公交导向发展）项目——全国唯一集高铁、地铁、公交、出租车站为一体的"大枢纽、大商圈、大天街"交通枢纽商业综合体（图3-7）。

沙坪坝高铁枢纽的前身是沙坪坝火车站，它是原襄渝铁路的过路站，位于重庆市沙坪坝区三峡商圈与沙坪公园之间，占地面积约12公顷。因年久失修，沙坪坝火车站与三峡商圈的现代化气息格格不入，横亘在城市交通拥堵的中心区，既制约了城市中心区核心功能的释放，又影响了三峡商圈的提档升级。随着成渝铁路客运专线的引入，沙坪坝火车站作为该线进入重庆的一个重要车站，除了担任交通功能之外，还扮演着成渝地区双城经济圈中重庆西进门户枢纽的重要角色。这意味着沙坪坝火车站必须进行系统性的提升改造，以适应重庆这个千万人口大都市复杂的运行轨迹。

图 3-7　重庆沙坪坝高铁枢纽——国内首个高铁上盖商圈 TOD 项目解构图

　　该项目地段属丘陵河谷侵蚀地貌，附近商圈环绕、高楼密布、学校聚集，周边用地开发成熟度较高且环境复杂，附近市民有 10 万人之多。在如此复杂的城市环境下，改造综合交通枢纽极具挑战性。该项目要在长约 200 m、宽 60 m 的区域内建设城市核心综合交通枢纽，以满足不同公共交通需求，实现高效率的交通转换，改善沙坪坝商圈城市交通，扩大三峡广场的影响范围和辐射能力。显然沙坪坝火车站不具备"横向发展"的条件，只有利用站场低于城市标高的有利条件建设立体换乘体系。为此，引入 TOD 设计理念，拆迁老旧城区和旧火车站，利用土地空间，向下开挖深基坑建地下综合交通枢纽，向上利用枢纽上盖进行物业开发，通过加盖方式缝合铁路线对城市的割裂，将北侧的三峡广场和南侧的沙坪公园连为一体，打造成集购物、娱乐、休闲、健身为一体的现代化城市中心区，实现高铁站场、换乘枢纽、商业开发和城市配套设施的高效有机融合。通过地下 7 层的城市交通枢纽与地上 7 层 21 万 m² 的商业空间无缝接驳，为市民提供便捷安全的出行环境，同时也将交通到达人群有效转化为商业中心客流。以垂直改造代替扩张建设，建成了"大商圈""大枢纽""大观光"三位一体的国内首个站城融合 TOD 项目，是站城一体化建设发展的优良范本。

3.2 考虑轨道交通高架桥冲击的城市设计探讨

3.2.1 城市更新理念

城市更新指将城市中已经不适应现代化城市社会生活的地区做必要的、有计划的改建活动。不能简单地将其视为物质空间的推倒重建，其主要目的是实现更为广泛的社会和经济的复兴。与此同时，城市更新不只包括更新对象的功能完善和升级，还应强调与周围地区乃至整个城市的协调发展，以达到整体效益的最大化。因此，城市更新必须强调整体结构的综合性和关联性，最大程度地整合经济性与社会性要素，提出有针对性的目标域策略[1]。

城区中心与轨道交通的融合能够最大程度地利用空间，实现交通活动和居民生活的双重保障，但是也具有一定的复杂性和矛盾性：一方面保证了该交通枢纽区域的便利性和交通客流的高效疏解；另一方面，为了保证该区域自身的运用效益和中心地区土地价值的充分开发，该区域又需要引入复合性的商业元素，以吸引更多的消费、带动周边地区的活力，而这或多或少与交通系统的便利性存在着一定的冲突。因此，如何在片区更新中权衡交通便利和商业运营两大因素，是城市更新规划中需要考虑的一大问题。

近年来，随着城市转型发展，许多新颖的更贴合现状发展的城市更新理念应运而生。以下着重介绍社区微更新、城市触媒和"城市针灸"三种城市更新理念。利用这些理念，可达到加强交通枢纽职能、整合区域功能的目的。

1. 社区微更新理念

社区空间微更新的对象是与社区居民生活息息相关却没能有效利用的社区公共空间。以社区公共空间的微更新为突破口，推动环境的物质条件提升和社区成员的感情融入，将社区建成一个有场所认同感、有人文关怀的大家庭。

2. 城市触媒理念

城市触媒是"能够促使城市发生变化，并能加快或改变城市发展建设速度的新元素"，即通过某一特定触媒元素的介入，引发某种"链式反应"，促成城

市建设客观条件的成熟，从而推动城市按照人们的意志持续地、渐进地发展[2]。从城市设计层面上理解，城市触媒可能是城市环境中的某一个物质元素，如一片城市街区的开发、一个建筑实体的立项、一个开放空间或开放空间系统的建设等；城市触媒也可能是一个非物质元素，如一项开发政策、一种城市建设思潮、一个标志性事件或特色活动等。由于这些触媒的介入，城市环境中某些元素产生连锁反应，从而带动周边地区的联动发展。

3."城市针灸"理念

"城市针灸"是一种小尺度改造的城市更新模式。它通过在特定的区域或范围内以"点式切入"的方式来进行小规模的改造，从而触发其周边环境的变化，最终起到激发城市活力、改变城市面貌、更新城市的目的[3]。通俗而言，"城市针灸"的理论精髓就类似于中国传统中医中的针灸原理。它是通过找出某些特定区域即"穴位"，以"点式切入"的方式来解决城市问题。它的方法是利用城市发展的规律，当城市陷入衰退时，"城市针灸"首先要找到城市的症结所在，再做出诊断，找到"穴位"后进行小范围的介入改造，以激发城市自身的调节功能，使城市焕发新的活力。

3.2.2　城市更新的影响因素

1.上位规划

在进行城市更新设计时，需要在政府制定的总体上位规划的基础上进行探索。城市上位规划是对一定时期内城市性质、发展目标、发展规模、土地利用、空间布局及各项建设的综合部署和实施措施，具有长远性、战略性、结构性和综合性特点。基于上位规划的城市更新设计有助于对城区规划做出初步定位，明确规划方向。

轨道交通建设的前期工作应与城市规划搞好协调与配合[4]。轨道交通设计人员在方案研究阶段应充分征求城市管理部门的意见，广泛收集城市规划的有关资料。此外，城市规划人员也要有正确的规划思路，既要考虑轨道交通对城市的干扰和影响，也要注意到其对城市发展的巨大作用。城市的发展需要轨道交通与城市的生产、生活密切配合，同时也要求线路布局尽可能方便交通出行、减少干扰，甚至消除干扰，这要求城市规划和轨道交通设计要相互协调，并不断加以完善。

2. 人民需求

随着生活水平的不断提升，人民对生活质量的要求也逐渐提高。在市区内进行轨道交通建设，不管是在施工阶段还是在运营阶段，都会产生噪声问题，严重影响周边居民的生活质量，所以需要相关政策来改善城区发展现状，满足人民对美好生活的需求。同时，社区建设、城镇老旧小区改造等都是新时代下城区规划中需要考虑的重点问题，推动惠民生、扩内需，推进城市更新和开发建设方式转型。

3. 城区布局

在城区规划，特别是结合轨道交通建设的背景下，城区布局也是影响城区规划思路的重要因素。城区内轨道交通的改扩建势必会涉及线路周边土地的重新布局和利用。从生态环境、交通系统、用地功能三方面分析城区布局，再结合城区布局进一步对片区发展定位，保证目前规划的轨道交通建设与城市发展规划相结合，使得交通体系顺畅发达，区域经济协调发展。

4. 土地价值

在城市更新中，投资成本和土地价值是必须考虑的。一方面，在前期规划时需要对土地成本、建设费用等进行全面的衡量，确保资金合理投入；另一方面，高品质的轨道交通建设与运营可以带来沿线片区土地的价值的持续提升，而且大运量的轨道交通的投用可以为周边地块高强度的开发提供强大的交通支撑。所以，统筹考虑轨道线路与周边地块的发展关系，采取措施尽可能保证土地高效率利用，提升轨道及周边城区的建设品质，促使土地价值提升，是实现城市更新和可持续发展的重要保障。

5. 生态环保

为了保证城区的可持续发展，城市设计必须对城区特别是轨道交通沿线生态环境和人居环境进行必要的投入，保护原有的生态环境，提升人居环境，并建成完善的绿色环保体系，顺应当下城市建设的新要求。因此，需要依据规范对轨道交通建设中产生的噪声污染采取合理的降噪措施，并对沿线周边建筑进

行合理布局和选址。

3.2.3　轨道交通给城市发展带来的机遇与挑战

随着国民经济的飞速发展，城市对运输的需求不断增加，轨道交通的引入曾经一度为沿线城市带来了巨大的发展机遇，可以说城市的发展与轨道交通相互依赖、息息相关。但是，轨道交通的扩展与城市的发展也存在着相互矛盾、相互制约的关系。只有把握轨道交通带来的发展机遇，克服其对城市带来的不良影响，才能使轨道交通更好地为地方经济服务，同时保证线路自身的可持续发展。

1.轨道交通为城市实现有机更新带来发展机遇

轨道交通沿线周边地区可以以轨道交通的建设为契机，同步考虑未来用地地块运营时的需求，同步开展城市运营阶段的商业策划、商业设计研究，适时分步推动城市更新的工作，将轨道建设和城市更新进行统一的规划、设计、建设和运营，同时要注意做好充分的规划预留，不断修正方案，以实现城市片区整体价值的持续提升。例如，高铁以站点为中心进行扩建，与地铁线路结合建立交通枢纽，人口在周边地区频繁、大量地流动，会增加片区活力，同时也有利于居住、商业、娱乐、办公和其他公共设施的多种用地类型混合布局，促进站点周边土地的多样化建设。而当人流量变大之后，商务娱乐休闲业随之兴起，可以借此机会改变原有土地的利用模式，提高土地开发强度，进一步改变片区的区位特性，提高片区发展活力。轨道交通的扩展提高了城市土地的交通可达性，为周边地区带来了无限商机，成为带动周边区域土地价值的关键资本，催化了站点周边土地价值的提升。

2.轨道交通给城市发展带来的挑战

本书第 1 章已经提到，高架轨道交通穿越城市时，会对城市更新规划带来一定的挑战，如空间割裂、交通拥堵与城市发展不协调等，这些问题如果不加以重视和解决，就会成为城市更新规划的阻碍，影响线路周边地区的可持续发展。

除此之外，在生态环境方面，轨道交通运营会产生高噪声污染。轨道线路穿越居住区时，两侧区域噪声若超出限值，将对周边地区功能造成较大影响，特别是对周边居民造成困扰。所以，如何在考虑轨道交通噪声的情况下对周边地区进行合理的功能布局，也是城市规划所面临的一大挑战。

3.2.4　考虑轨道交通高架桥干扰的城市设计总体思路

1.结合城市更新一体化考虑轨道和城市空间的规划和设计

在既有城区新建高架桥会受到用地、管线、既有建筑等诸多建设条件的限制，甚至在轨道线路选线时为了避开不利因素，往往要通过设置极限曲线半径来实现避让。

将轨道交通的建设和城市空间的发展融合在一起进行考虑，可实现地块升值，并伴随着轨道的运营让升值得以可持续。在轨道建设之初，受牵制的因素可以通过城市更新来得到明显的改善，从而提高轨道建设的难度、提升轨道建设的品质（比如：原来的线路条件下只能采取小曲线半径，如今可以将曲线半径调大，进而大幅降低曲线段的轮轨噪声水平），反过来轨道建设品质的提升可以更好地推动地块的升值。

进行城市更新的规划、设计时，还要考虑轨道交通的干扰。城轨建设要按照"从分隔到融合"的片区规划思路，从城市片区空间的维度来考虑轨道交通的规划、设计和建设，既要解决城市的发展，又要最大程度地保证城市建设的品质，提高土地利用价值。

2.局部全封闭上盖结构——物理上实现"从分隔到融合"

伴随着社会经济的发展，人们需要不断更新对轨道交通与城市发展关系的认识，在大力发展轨道交通建设的同时，尽可能避免轨道交通对城市的割裂冲击，要以轨道交通引领城市功能融合。

在城市核心区，修建高架形式的轨道交通时，单纯设置直立式声屏障的降噪效果和景观效果难以满足周边民众的需求和城市发展的需要。在有条件的区域将轨道线路通过上盖结构实现全封闭（如很多城市建设的有上盖物业的车辆段），可以一劳永逸地解决高架轨道对周边环境的噪声干扰等问题。全封闭上盖方案结构复杂，需要桥梁、轨道、线路、接触网等多专业协作完成，造价高，但降噪效果特别是对高层建筑的降噪效果突出，因此全封闭上盖方案适用于城区、噪声敏感建筑、高层建筑及生态保护敏感区等特殊敏感区段。

本书还提出了桥梁和建筑结构合建的景观降噪思路，将高架桥的局部段落用结构封闭起来，用上盖的方式打造成上盖公园，集约利用城市空间，提升城市公共空间品质。轨道交通全封闭降噪结构的景观设计主要包含结构的外立面、幕墙的分格布置、色彩搭配、城市及人文背景融入等。如需采用，宜将全封闭上盖结构与桥梁主体、周围环境进行景观方面的统筹考虑，提升结构的景观效果。上盖公园方案宜采用混凝土框架结构，适用于在线间距之间能立柱的路段。顶部结构为上盖公园，两侧可做坡地覆绿或垂直覆绿，形成绿化廊带。该方案具有维护成本较低的优点，同时覆盖区域及周边居住环境，可以达到1 类声环境的要求。

利用降噪结构，打造上盖公园、上盖广场等可供市民活动的娱乐休闲场所，可以提高土地利用效率，减少轨道交通带来的城区割裂影响；同时采用一定措施将沿线两侧与上盖公园连接起来，不仅达到了良好的降噪效果，而且通过上盖结构实现了周边场所的融合，并将被割裂的城区连接起来，为市民提供良好的绿色环境，提高了城区活力，还能利用轨道交通上部的城市空间，进一步打造城市综合体。

3. TOD 发展模式—打造核心圈层

采取上盖公园措施，可将两侧城区连接起来。如果城区地理位置较为重要，可以进一步采取 TOD 开发模式，打造核心圈层，将片区开发为中心区域。

TOD(transit-oriented development，公交导向发展)，一般指土地以公共交通站点为中心进行高密度开发，打造集居住、文化、商业、教育、就业等为一体的混合功能区域。基于 TOD 开发模式打造的片区可以得益于邻近交通而进行发展，实现生产生活生态高度和谐统一[5]。

TOD 模式具有提高土地价值、提高环境质量、提供公共活动场地和促进社区更新等优势。TOD 模式通过优先开发交通站点周边地区和沿线土地、采取高密度和混合功能利用的开发模式来提高区域的土地利用率；同时，多功能、高效率的土地利用模式平衡了土地利用和交通发展，整合了区域的资源，节省了土地资源以及各类水电等市政基础设施的投资，有利于城市的可持续发展。

TOD 理论自 2000 年被引入国内，发展至今已被公认为促进交通与土地利用联动发展的规划理念，也是实现城市精明增长、可持续发展的有效策略。当前，我国正处于高铁发展的繁荣时期，且各地正加紧推进低碳城市、生态城市等的步伐，充分抓住这一机遇，在高铁枢纽周边的城市规划区域的开发建设中适时引入 TOD 发展理念，有利于实现城市的可持续发展[6]。

城市片区规划设计方案是集轨道交通建设、降噪措施和城区规划于一体的综合设计，不仅需要保障轨道交通及周边交通系统的基本功能，还要提高片区的整体发展质量。综合来看，TOD 模式高密度开发、环境友好、土地高效利用与效益增值的优势，与周边土地价值建设、开发和利用的需求是相匹配的。因此，在上盖公园的措施上，可进一步探索采取 TOD 模式下城区规划的新思路。

1997 年，塞维罗和考可曼提出了 TOD 的 3D 设计原则，即密度（density）、多元化（diversity）和设计（design）原则。密度指 TOD 模式进行高密度开发，城市依靠交通线路进行开发，缩短出行距离；多元化指实现土地的混合功能利用，为居民提供便利生活及商业休闲区，以增加城区活力等；设计指通过合理的设计，保证在相对高密度的发展条件下为不同的人群提供多层次的选择[7]。因此，充分考虑规划城区内的轨道交通资源，设计理念将以 TOD 为导向，结合 TOD 的 3D 设计原则（密度、多元化、设计），构建综合城市功能区（图 3-8）。

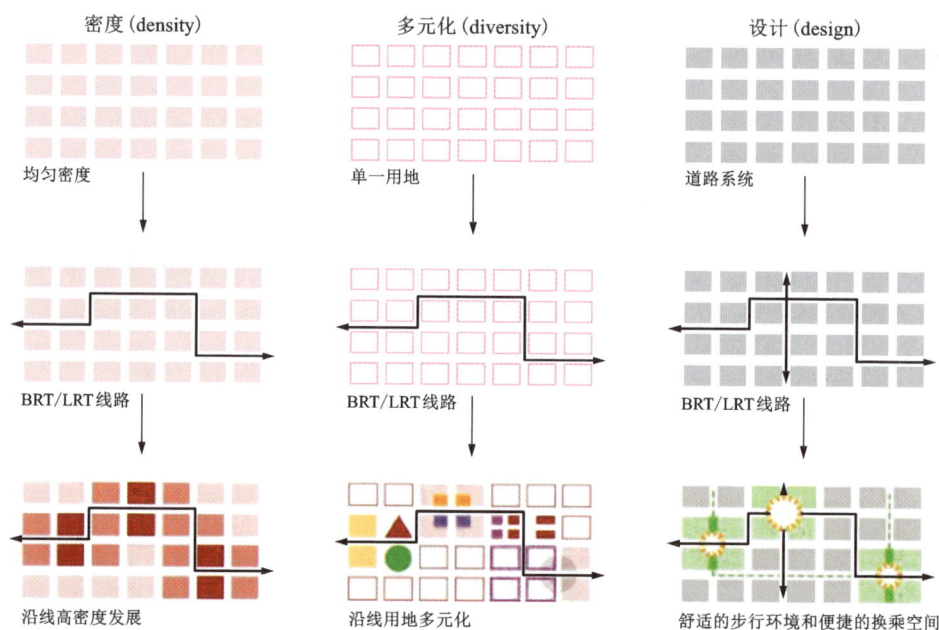

图 3-8　TOD 的 3D 设计原则

（图片来源：林同棪国际）

利用 TOD 开发理念，结合上盖公园融合开展片区规划，可有效加强交通枢纽节点与周边地块衔接，对形成综合城市功能区、改善交通带来的城市空间割裂具有重要意义。

3.3　西丽—塘朗山段铁路扩建项目所在片区城市设计案例探索

3.3.1　西丽—塘朗山段铁路扩建项目工程概况

该项目位于塘朗山生态林地与大沙河景观带之间，紧邻西丽高铁枢纽站。项目正线全长 12.28 km，新设西丽站 1 座，相关配套工程为塘朗山动车所、平南铁路迁改工程、深圳西普速搬迁工程，以及深珠、深汕同步实施工程。全线正线路基 2.06 km，桥梁 1.62 km，隧道 8.60 km，桥隧比约为 83%。

既有平南线中心距龙辉花园小区最小距离约 50 m。根据规划，深圳市拟在既有平南线基础上新建 9 条铁路并线至西丽站，并线段包括大沙河至塘朗山区段。新建 9 条铁路并线段拓宽后，距居民住宅楼最近处为 18.8 m，致使既有平南线相对周边既有小区的防护距离被大幅突破，从城市空间、用地、景观、交通、噪声等各方面都会对周边区域产生巨大影响（图 3-9、图 3-10）。

图 3-9　既有平南铁路与周边关系

图 3-10　新建铁路与周边关系

3.3.2　项目片区现状分析

1. 项目周边城区布局与特征

西丽—塘朗山段铁路高架桥及跨大沙河桥梁工程项目位于深圳市南山区桃源街道，紧邻大沙河，处于塘朗山脚下，包含了龙辉花园、龙联花园、光前村等，西丽站至塘朗山铁路并线段从片区中间穿越。本章从生态环境、交通系统、用地功能三方面分析项目所处区位的布局与特征。

从生态环境来看，该项目北靠塘朗山，西接大沙河，是连接两大城市绿廊的重要通道。其中：塘朗山郊野公园是以自然山水为骨架，以山水林泉和动植物形成的自然景观和自然生态环境为特色，供深圳市民休闲、健身、观景的好去处；大沙河全长 13.7 km，发源于羊台山，宛如一条碧绿的绸带，蜿蜒而行，贯穿南北，汇入美丽的深圳湾，如图 3-11 所示。

从交通系统来看，现有平南线穿越该项目片区，未来将扩建 9 条铁路并线也穿越片区。西丽站距离片区约 1.5 km，地铁 7 号线穿越片区，珠光地铁站位于片区内。同时，片区紧邻广深高速及南坪快速等，龙珠大道横穿片区，作为

图 3-11　周边区域生态环境布局

片区最主要的城市道路，如图 3-12、图 3-13 所示。整个片区形状狭长，与龙珠大道交叉的丁字路口较多，片区交通内循环不通畅。

图 3-12　轨道交通布局

图 3-13　道路交通布局

　　从用地功能来看，片区周边以居住用地为主，辅以少量商业用地和学校用地，如图 3-14 所示。其中，龙辉花园和龙联花园为成熟的封闭式小区，珠光村、新屋村、光前村为城中村，且基础设施较差。其中龙辉花园北邻龙珠大道，西靠龙井路，南临平南线防护绿地，占地面积约 89274.00 m²，建筑面积约 180370.21 m²，容积率约 2.02，共有地上建筑物 38 栋，于 1998 年竣工交付，主要用地功能为居住用地；龙联花园位于龙珠大道北侧，北靠珠光路，西临平南线，占地面积 46976.66 m²，建筑面积约 76628.94 m²，容积率约 1.63，共有地上建筑物 21 栋，一期于 1995 年竣工交付，二期于 1997 年竣工交付，主要用地功能为居住用地。

图 3-14　用地功能布局

2. 政府总体规划

　　根据深圳市人民政府颁布的《深圳市城市总体规划（2016—2035 年）》，扩建项目所在片区属于多功能定位交会区。在空间结构与中心体系规划中，片区位于深圳市都市核心区，靠近西丽中心。在科创空间布局中，片区处于深圳市创新核心区，紧邻大沙河科创走廊。在综合交通规划中，片区处于铁路、高速交通交织区，应关注交通及对外交通组织。在用地功能规划引导中，片区规划为居住及配套服务区。因此，高铁建设的降噪方案与周边地区的规划，应当基于政府总体规划进行可行性分析，制定具体落地措施，并与城市更新与规划措施相协调。

3. 片区现状或问题

　　并行线区域距离居民生活区域较近，轨道交通噪声问题显得尤为突出，同时，轨道交通穿越城区也普遍存在着将城市割裂的现象。片区现状以旧厂房、旧村、交易市场、驾校、老旧社区等为主，土地利用集约度较低，与周边区域发展定位极不相符，片区存在明显的功能割裂；塘朗山、大沙河、铁路、快速路、龙珠大道等对片区形成了多重分割，地块破碎，地块线形割裂严重；组团形状狭长，与龙珠大道交叉的丁字路口较多，片区交通内循环不通畅，交通功能存在割裂问题。

4. 发展潜力

片区北侧为深圳大学城，西侧为高新技术产业园区、西丽高铁新城，南侧为大沙河公园与深圳名商高尔夫球会，周边城市功能定位相对高端(图3-15)。

图 3-15 项目周边功能布局

片区北靠塘朗山，西临大沙河，生态与景观资源优良，以塘朗山西麓绿芯为核心的环山片区存在较大后发优势。以高铁扩展改造为契机，周边地区可以进行城市更新，提升地区发展质量。

　　交通条件方面，有轨道 7 号线和 29 号线珠光站、龙珠大道等，对外交通便利。同时，项目片区有部分处于西丽综合枢纽站 800 m 辐射范围内（图 3-16）。

图 3-16　片区处于西丽高铁站 800 m 辐射范围内

　　项目片区在生态环境、交通系统、用地功能三方面都有着重要的作用。所以，在具有多重功能的城市范围内进行轨道线路改造与扩建，所要考虑的不仅是桥梁建造和线路扩建，还要重视周边居民的生活诉求，探索合适的城市规划与更新的总体思路，避免轨道交通建设为城市发展带来反作用。

3.3.3　降低轨道交通高架桥对城市冲击的整体解决方案

　　综合考虑未来新增铁路轨道对周边居民和城市功能带来的影响，总体建议对不同路段采取不同解决方案，将城市更新、调整线路设计标准、设置声屏障、上盖公园等降噪措施结合使用。

　　扩建铁路高架桥梁段，最受制约因素便是这两个小区。为了避让小区既有建筑，减少拆迁，此处并线的铁路曲线半径为 590~600 m，由于受既有平南线及西丽站限制，动车组及货物列车最高运行速度为 80 km/h。《高速铁路设计规范》(TB 10621—2014)中规定，限速地段曲线半径应符合表 3-1 的规定，可以看出此处曲线半径已经采取了规范限定的最小值。

表 3-1　限速地段曲线半径表

设计行车速度/(km·h^{-1})	200	160	120	80
一般最小值/m	2200	1600	1000	600
困难最小值/m	2000	1400	800	400

注：困难最小值应进行技术经济比选后采用。

龙辉花园小区附近铁路线距小区距离最近处不到 20 m，而相同车速下曲线半径越小轮轨噪声越大，这两个因素叠加致使该区域铁路高架桥的噪声问题最突出(图 3-17)。

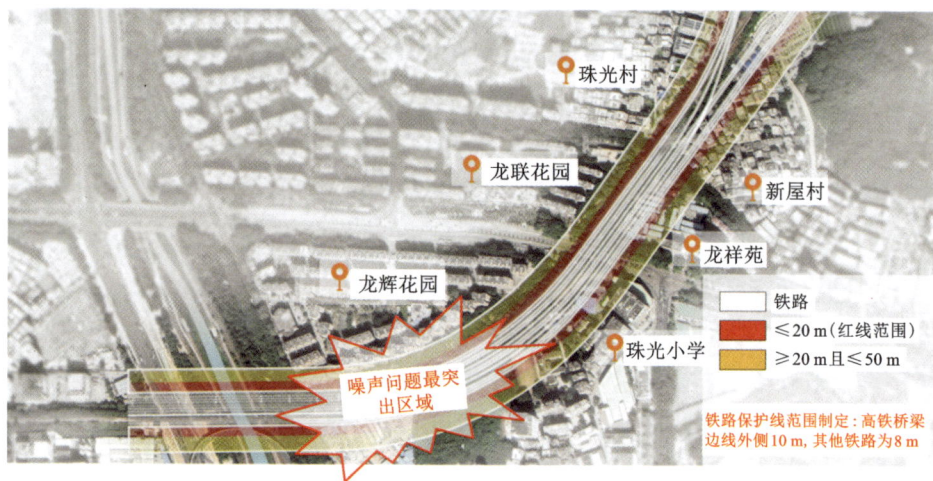

图 3-17　铁路线带来的噪声污染范围

综合分析该区域的发展潜力及龙辉花园、龙联花园两个小区的现状，尤其是两个小区的容积率均在 2 左右，可推算出轨道建设后给该区域带来的地块提升的价值完全可以覆盖更新这两个小区所投入的成本，因此借轨道建设之机对这两个小区进行城市更新（即拆除重建），仅定性分析便可知该思路在经济效益上具有很好的可行性。将这两个小区拆除重建与铁路的建设同步推进，则拆除后的建设用地条件，可以为铁路的线路优化提供可行性，将该区域的曲线半径调大（图 3-18）。这可以带来多方面益处：对铁路建设来说，可以大幅提升线形标准，降低铁路建设的难度，从而减小铁路投资；对周边环境来说，增大曲线半径，可以有效改善曲线段的轮轨啸叫噪声，提升周边居住环境和商业办公环境的品质；对地方城市的发展来说，可以集约铁路建设用地，腾挪地块进行空间布局，同时为该区域铁路高架段实现上盖物业提供技术层面的保障，进而可以实现城市空间的集约化利用和空间品质的大幅提升。项目组提出的龙辉花园、龙联花园两个小区的城市更新思路已经被政府采纳，截至本书成稿时，两个小区的更新建设已在稳步推进。

不受小区限制后，线形优化，可调大曲线半径

18.8m

图 3-18　周边小区对线路优化制约影响的示意图

将龙辉花园、龙联花园两个小区拆除后，小区更新重建方案与铁路线的建设一并考虑，在并线段，不仅可以将曲线半径调大，还可以将线间距适度调大，为线路之间设置结构立柱提供空间，进而采取结构上盖的形式，在铁路线之上形成封闭的上盖公共空间，既可以在城市规划层面形成连接塘朗山和大沙河的绿廊通道，又可以将段落的轨道噪声完全封闭在上盖结构内，还可以提升周边地块开发的品质。整体解决方案的效果如图 3-19 所示。

图 3-19　小区更新后铁路线优化及上盖物业一体化处理示意图

　　除上盖公园段落(图 3-20 绿色段)，其余段落采取声屏障措施(图 3-20 黄色段)。这个整体解决方案不仅降噪效果突出，同时对周边区域的地块开发和城市空间可带来积极提升，不仅改善了周边区域的公共环境，而且推动了区域城市更新和地块升值。

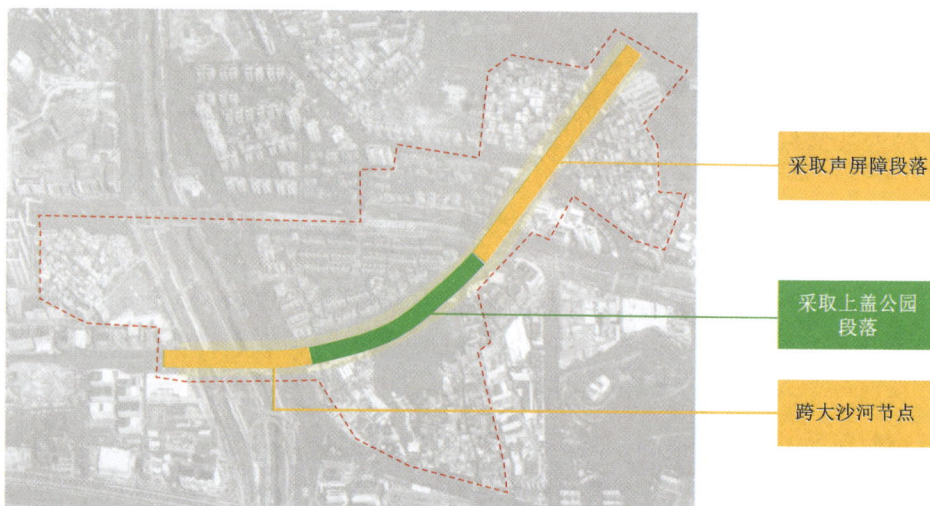

采取声屏障段落

采取上盖公园段落

跨大沙河节点

图 3-20　铁路影响较明显路段的降噪措施

3.3.4　考虑噪声的城市更新方案

1.城区总体更新规划思路

基于"从分隔到融合,打造 TOD 核心区"的片区更新规划思路,在降噪措施采取全封闭式上盖结构的基础上,拟将上盖结构打造为上盖公园,与周边地区进行站城融合,提高土地利用价值。以西丽高铁站与珠光地铁站为交通枢纽,片区采取 TOD 开发模式,建立核心圈层,提高片区活力和价值。

2.城区规划设计具体方案

(1)项目总体定位与功能策划

项目总体定位为"T-PARK 时尚公园",形成以珠光站为核心的多交通方式畅联的片区交通换乘中心,打造西丽人才汇聚的新空间、地铁沿线现象级的财富增值高地、引领潮流趋势的网红地标。项目致力于围绕高端高品质服务业的核心目标,打造现代化城市功能的高品质样板区。

项目将构建 TOD 综合体、空中文化公园、品质生活区三大核心功能板块,如图 3-21 所示,大力培育新动能、新消费、新业态,形成特色化、差异化、品牌化的产业体系,建立商业零售、商务办公、酒店公寓、文化娱乐、运动休闲、居住配套于一体的六大产品体系,营造"地铁上是公园、公园里有生活"的多元融合场景。

(2)详细设计措施

由于原铁路预留空间不能满足新增 5 条铁路通道和现有铁路通道改线的空间需求,因此需要对两侧城市用地进行修改。

新增铁路线后,由于其穿越居住区,铁路两侧区域噪声为 80～90 dB(A),超出噪声限值,对周边城市功能造成较大影响,特别是对毗邻铁路线的龙辉花园、龙联花园等居住区影响较大。因此,建议结合珠光地铁站进行圈层式开发,内圈以商业、商务、公共服务为主,外圈以生活配套为主。对内圈进行上盖,在同一竖向标高上与周边的建筑进行连通,营造具有吸引力的视觉与功能节点,同步解决铁路和龙珠大道对区域的分割。随着城市的拓展,原本处于城市边缘区的塘朗山郊野公园(西段)将扮演城市公园的角色,因此建议连通"西丽水库—塘朗山—西丽高铁新城"的休闲慢行系统,以塘朗山西麓绿芯为核心

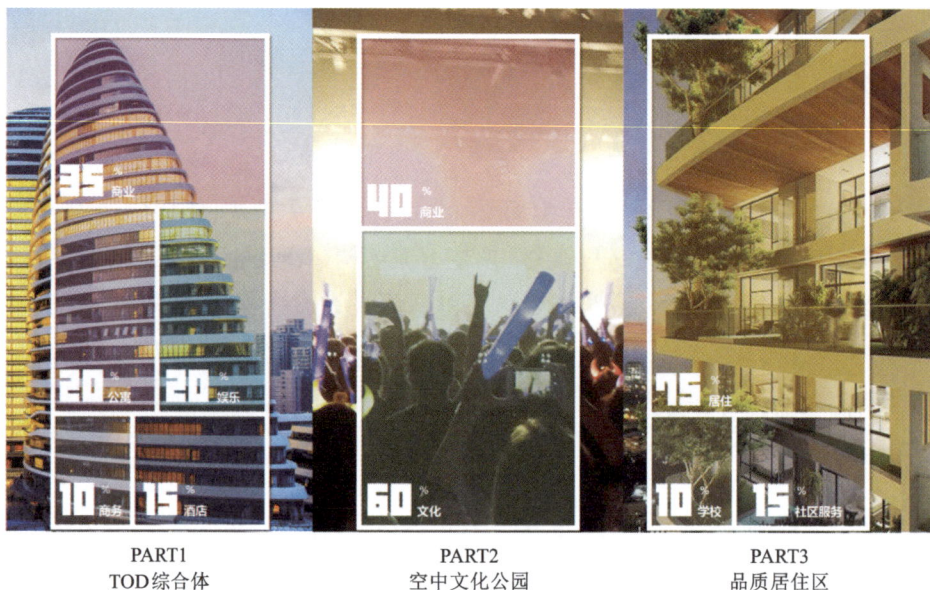

PART1　　　　　　　　　PART2　　　　　　　　　PART3
TOD综合体　　　　　　空中文化公园　　　　　品质居住区

图 3-21　项目总体定位

推动环山麓地区的发展。

具体提出学校用地调整、土地开发调整和上盖空间利用三点规划建议。

第一，根据《中小学校设计规范》（GB 50099—2011）第 4.1.6 条"学校主要教学用房设置窗户的外墙与铁路路轨的距离不应小于 300 m，与高速路、地上轨道交通线或城市主干道的距离不应小于 80 m。当距离不足时，应采取有效的隔声措施"对小学用地进行调整，建议另选址布局。

第二，由于片区距离西站高铁站仅 800 m，紧邻 7 号线、27 号线（规划）地铁珠光站，整体土地价值较大。同时考虑整体城市更新的成本与收益的平衡、整体的定位与功能策划，将原规划的中强度开发的居住用地调整为中高强度开发的居住、商业用地。

第三，将原控规的铁路线两侧各加 50 m 的防护绿地，修改为铁路整体密封形式。上盖空间打造为城市公园后，可有效减少高价值土地浪费、铁路噪声对两侧城市功能的干扰、高架铁路对片区城市景观的不利影响（图 3-22）。

项目根据 TOD 开发理念、铁路上盖空间及东南侧整合释放的土地，构建形成包含商业零售、商务办公、酒店公寓、文化娱乐、运动休闲、居住配套六大功能的综合城市功能区，如图 3-23 所示。

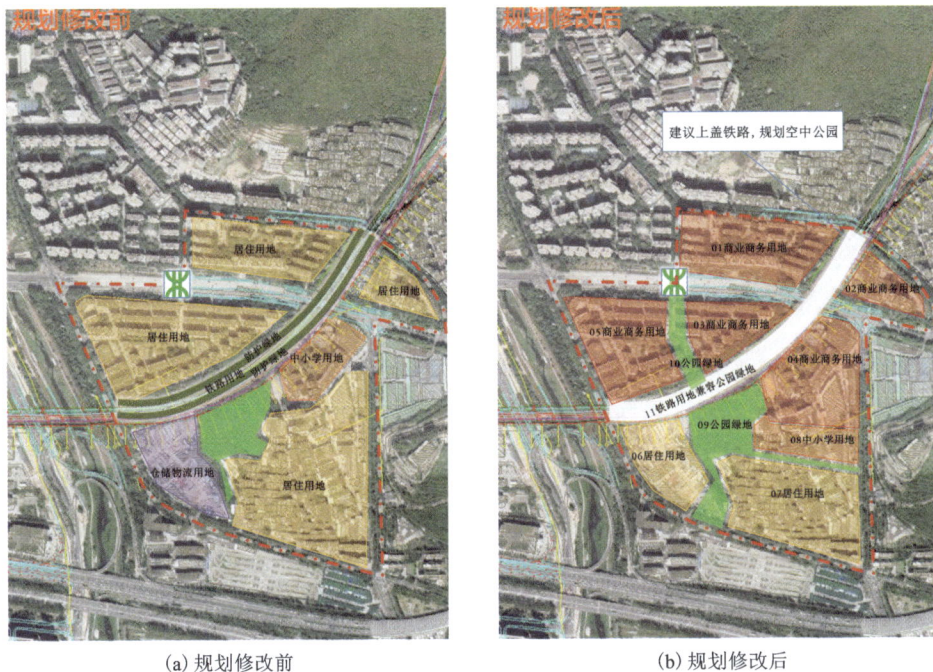

(a) 规划修改前　　　　　　　　　　　　　　(b) 规划修改后

图 3-22　规划修改前后城区布局

文化娱乐
① 精品超市
② 主办店
③ 餐饮&咖啡
④ 书店
⑤ 婚纱摄影店
⑥ 汽车美容
⑦ 艺术馆
⑧ 文创街区
⑨ 音乐演艺厅
⑩ 电影院

酒店公寓
⑪ 精品艺术酒店
⑫ 服务式公寓
⑬ LOFT青年公寓

商务办公
⑭ 标准写字间
⑮ 联合办公空间
⑯ SOHO办公

运动休闲
⑰ 球类馆
⑱ 健身俱乐部
⑲ 极限运动区
⑳ 电子竞技馆
㉑ 空中跑道

居住配套
㉒ 智慧社区
㉓ 幼儿园
㉔ 小学
㉕ 生活超市

交通配套
㉖ 公交站点
㉗ 地铁站点

图 3-23　TOD 开发理念下的城区功能布局

以铁路上盖为界，靠近珠光站的西北侧为商业价值更高的商业商务服务区，适合聚集商务办公、娱乐、旅居、商业等综合性的服务业态，为整体项目区域及周边区域提供便捷的工作、休闲娱乐环境；东南侧结合铁路上盖公园形成生态的且相对安静的居住休闲区，打造完善的生活空间，为居民提供生态、舒适、便捷的生活环境。

铁路上盖公园不仅串联了塘朗山、大沙河，形成连续的城市绿带，加强了区域生态绿廊的连贯性，加大了辐射范围，而且公园精心设计的灌木、乔木等植被群落可进一步强化地势的起伏感，为处于喧嚣的城市环境中的居民提供一个自然的缓冲空间，其为区域中心地带的绿芯，如图3-24所示。同时，大面积的上盖公园为居民提供了更广阔的绿色共享休闲空间与更多的休闲目的地，人们的居住区以全新的方式与城市环境进行一体化融合。铁路上盖公园不仅构建了一个生机盎然的空中公园，也为人们开启了一种在公园里居住的生活新方式。

图3-24 铁路上盖公园意向图

公园作为生态的隔音罩，可种植多样化的高矮搭配的植被，将在铁路与居住区之间形成足够宽度的绿色降噪带，同时具备较好的降噪效果，可有效控制新增铁路噪声对居住区的影响，并且缝合了原本的碎片化地块，提升了土地利用效率与价值，促进了城市片区可持续发展。

3.3.5　全封闭上盖方案

由于龙辉花园是噪声问题最突出区域，因此在龙井路—龙珠大道段(全长约 637 m)采用全封闭上盖公园方案(图 3-25)，框架结构外覆绿，顶部可做其他功能使用，两侧可做坡地，或进行垂直绿化，或赋予其他城市功能，其余段落采用声屏障处理，高架桥下部空间可做绿地。该方案对所有列车通过时的瞬时噪声值都有较好的控制效果，其中龙辉花园范围内声环境可以达到 1 类标准。

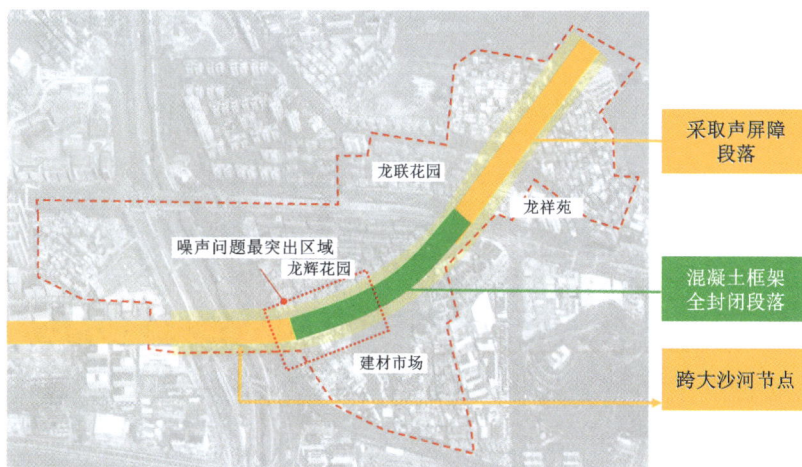

图 3-25　建议上盖范围示意图

1. 全封闭上盖降噪方案优势

空间体量方面：全封闭式声屏障高 10 m，体量较大。混凝土框架全封闭的体量、高度与全封闭式声屏障接近，因此采用建筑化设计，有利于后期城市更新，从而达到消解体量的目的。

城市空间方面：全封闭式声屏障能解决高铁噪声问题，但会造成城市空间的割裂，产生消极空间，影响城市空间品质提升。混凝土全封闭上盖不仅能解决噪声问题，并且可以结合周边城市打造一个功能多元、场所多样、尺度适中的公园综合体，从而解决周边地区停车、体育活动、文化娱乐和商业商务等功能需求。

生态景观方面：声屏障因上部全封闭，桥下空间采光不足，生态景观性较差。上盖公园作为连通塘朗山与深圳湾最后一千米生态廊道，可以打造南山区立体城市生态公园。桥下空间景观需考虑铁路噪声影响，以绿化、通行为主要功能，保证桥下空间与周边功能区域的整体衔接。在靠近居民区位置局部设置公共活动空间，以供周边居民休憩娱乐。在靠近大沙河铁路并行等高段，桥下日照采光不足，局部采用人工光源补充(图3-26)。

图 3-26　桥下景观示意图

2. 全封闭上盖方案一

方案一(图3-27、图3-28)采用防护张拉膜及装饰钢构架，在线间距之间不设立柱，通过大跨拱形结构单跨跨越9条线路，两侧采用混凝土结构做坡地

覆绿或垂直覆绿，顶棚类似高铁站台的雨棚。上盖及坡地覆绿面积 124241.4 m²，商业及停车库建筑面积约 58618 m²，覆盖区域可达 1 类声环境。但此方案张拉膜耐久性较差，钢构架需要定期维护，增加了运维工作量及难度。

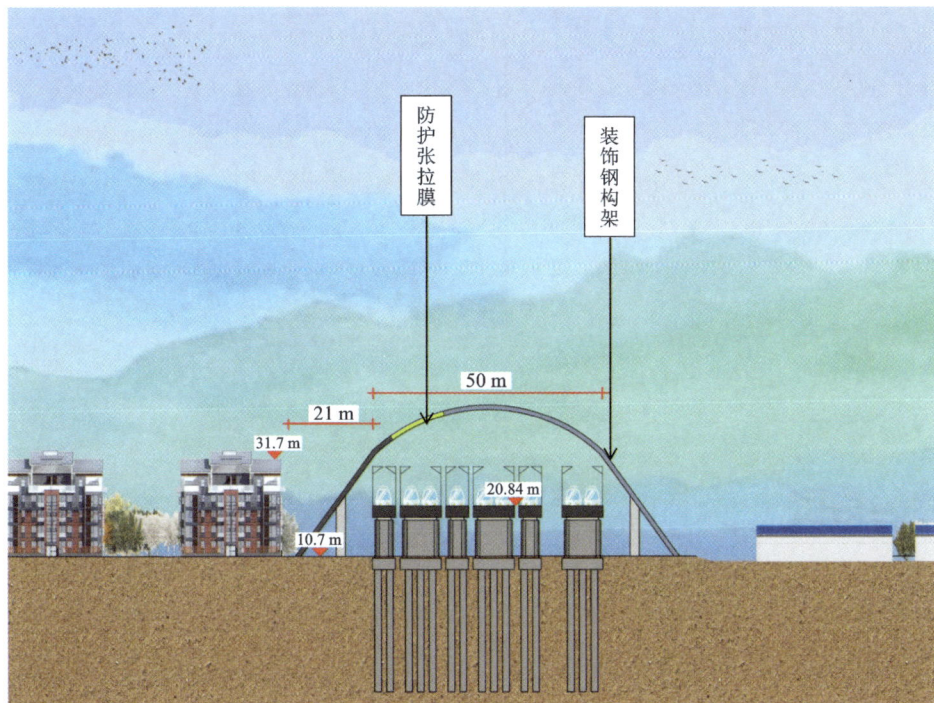

图 3-27　方案一示意图

3. 全封闭上盖方案二

方案二（图 3-29、图 3-30）以"银河星辰"为设计主题，通过轻盈的建筑肌理形态来削弱传统声屏障的体量感，同时侧边设置了绿色生态点阵，新修桥梁与大自然完美和谐地融为一体。此外，声屏障底部设隔音构造有助于削弱结构噪声。此方案声屏障跨径在横向为 50 余米，因此须在中间额外设置支撑。

整体全封闭式声屏障运用于线路高差不大的路段。立柱可利用线路之间的间隙、检修道边上的立柱基座和主梁端部进行设置。经过初步估算，为直径 450 mm 和壁厚 30 mm 的立柱可满足受力需求。此方案覆盖区域可达 1 类声环境，但与方案一相同的是钢构架需要定期维护，增加了运维工作量及难度。

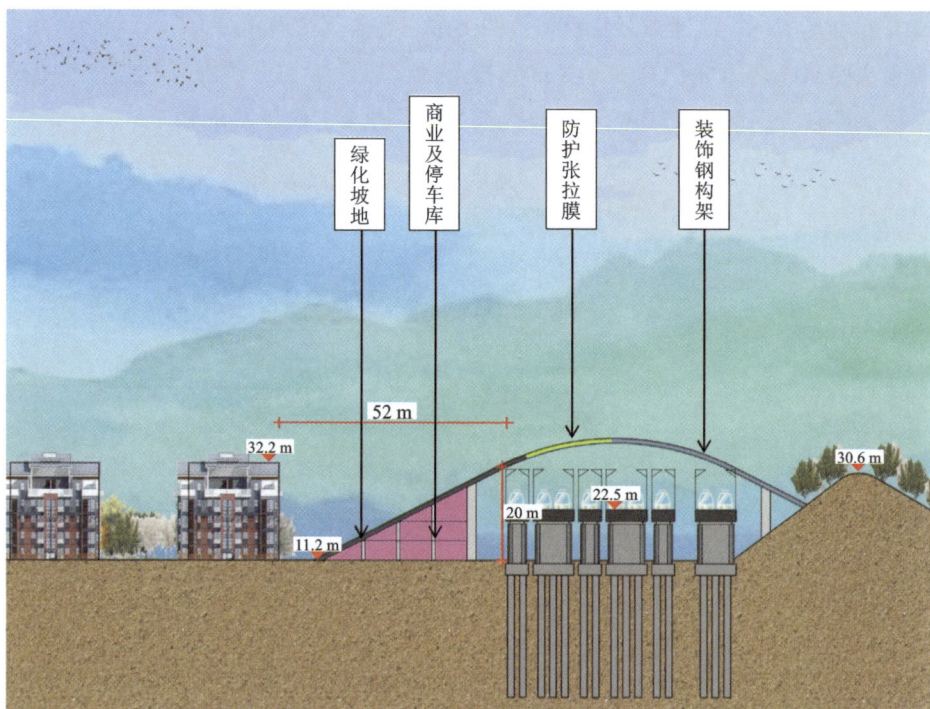

图 3-28　方案一示意图

图 3-29　方案二示意图

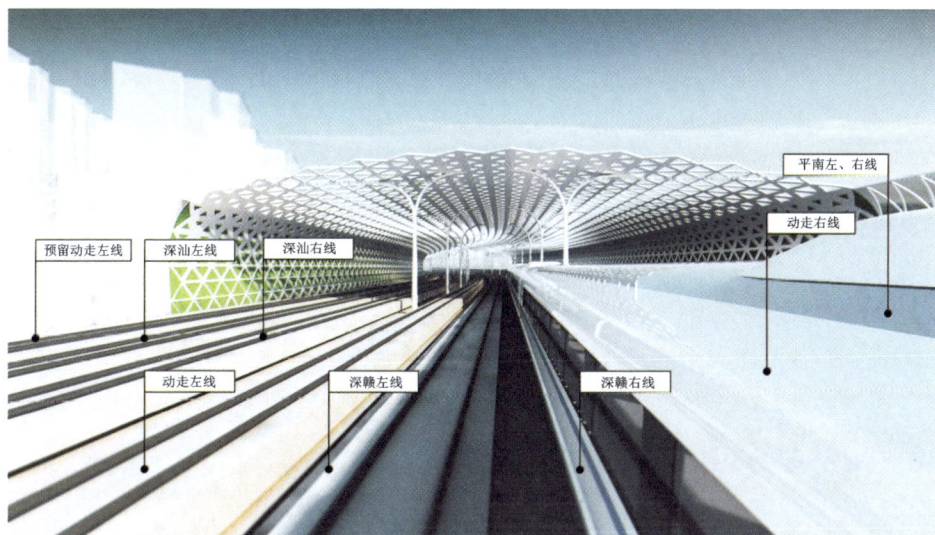

图 3-30　方案二示意图

4. 全封闭上盖方案三

方案三(图 3-31、图 3-32)采用混凝土框架结构,对比钢结构,混凝土框架结构更符合轨道安全和养护规定,不会受到紫外线、酸性腐蚀等环境影响,大大降低了维护成本。此方案通过设立结构柱形成混凝土框架结构,内层加装吸声材料,混凝土框架结构外覆绿,顶部可按照公园打造,两侧可做成坡地或垂直绿化。上盖公园面积约 48518 m²,坡地公园覆绿面积约 61168 m²,商业及停车库建筑面积约 58618 m²。

5. 全封闭上盖方案四

方案四(图 3-33、图 3-34)在方案三的基础上,开放桥下空间,合理利用桥下空间打造城市公园。上盖公园面积约 33358 m²,长度约 557 m,宽度约 64 m。此方案为创造一个可观、可感的低碳公园,展示生态设计理念,同时打造标志性的绿色空间与城市名片,为市民提供一个舒适且实用的城市公园。

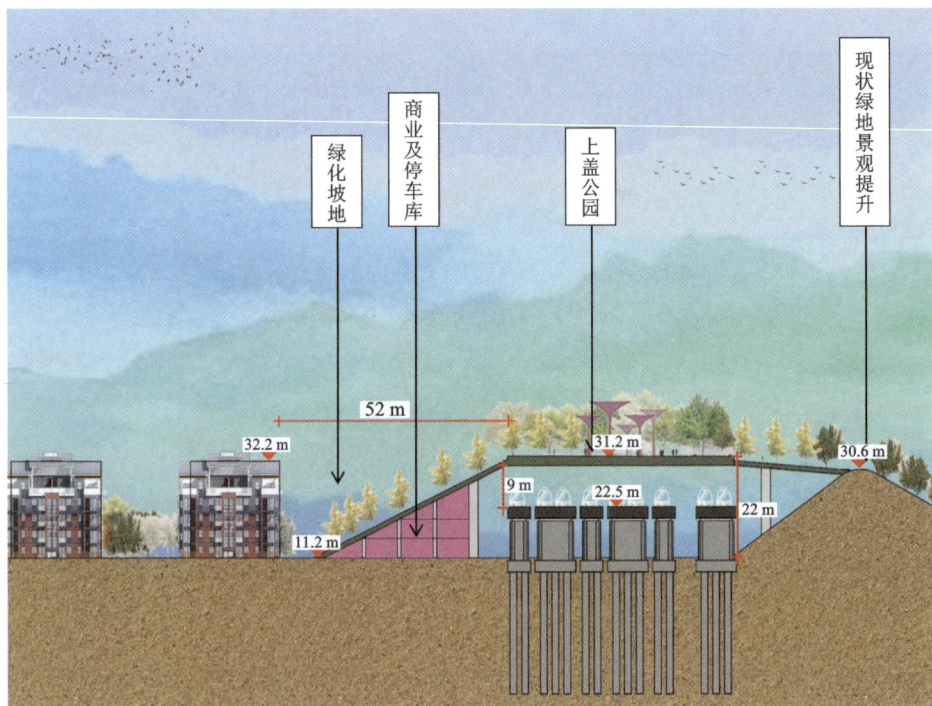

图 3-31　方案三示意图

图 3-32　方案三示意图

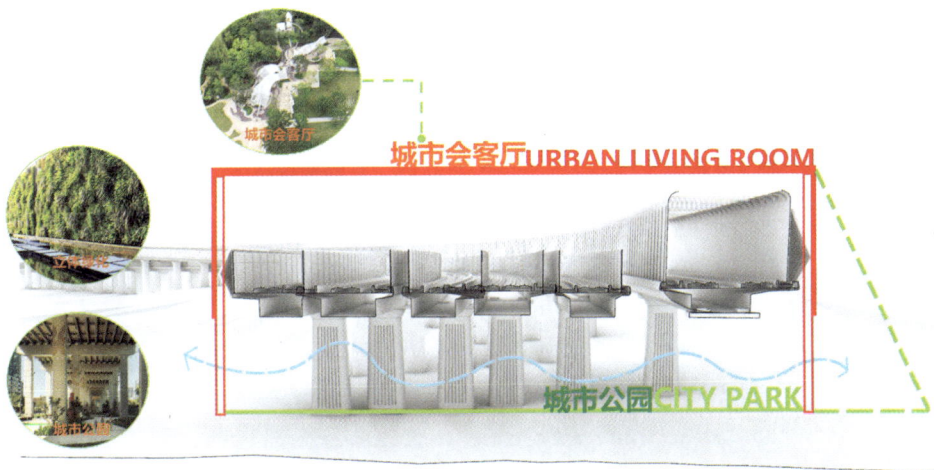

图 3-33　方案四示意图

图 3-34　方案四示意图

6. 全封闭上盖方案五

方案五(图 3-35~图 3-37)在混凝土框架结构全封闭方案四的基础上优化,加强与城市空间的联系,与后期城市更新相融合。分为两期实施。一期,上盖部分与高铁桥梁一起修建，采用全封闭上盖方案阻隔噪声的同时进行立面装饰，局部底层预留通行步道。二期与城市更新同步，上盖公园、新修建筑以消解体量，强化城市服务功能，还采用人行天桥等方式联系周边城市环境。

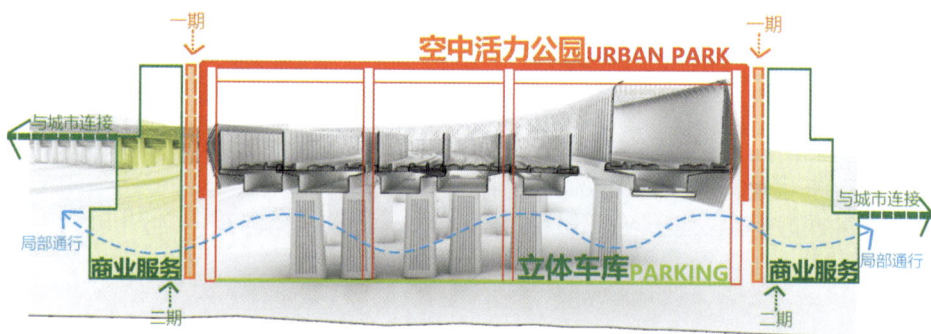

图 3-35 方案五示意图

在交通联系上，一期采用坡道、楼梯、观光电梯等组合，形成交通节点并作为入口空间。二期结合城市更新与周边建筑裙房连接，在更为开阔的硬质广场空间打造连续的绿地序列，形成标志性的入口空间，在底层预留局部空间作为联系两侧的步行通道。

图 3-36 方案五示意图

同时，上盖结构与城市景观一体化设计，结合城市更新增加城市配套服务，将底层空间作为立体机械停车车库。周边城区更新时制定城市设计导则，在封闭上盖公园方向采用退台式裙房，让街道尺度更加宜人。

图 3-37　方案五示意图

3.3.6　城市更新具体方案

考虑到平南线更新改造后对片区经济社会发展、环境品质提升的重要影响，以平南线中段方圆 500 m、1000 m 为研究范围，划定核心辐射圈和次级辐射圈。综合考虑山体、水体和交通性干道的影响，划定具体的核心更新区和微更新区范围(图 3-38)。其中，针对微更新区范围，提出街道改造、公共空间更新、老旧小区整治、市政设施改造、公共服务设施更新和生态修复六个方案。

1. 街道改造

坚持以人为本，将城市街道塑造成安全、绿色、活力、智慧的高品质公共空间。

安全：为保障各种交通参与者人身健康及安全，提高步行环境安全性，提高人行空间的舒适感，应合理设置街道功能空间，行人车辆各行其道、有序流动，主干道划分公交车道、机动车单行道，主路两侧划分步行道、雨水花园、景观设施带等，如图 3-39 所示。

(a) 核心更新区与微更新区范围

(b) 核心辐射圈与次级辐射圈

图 3-38　片区更新范围划定

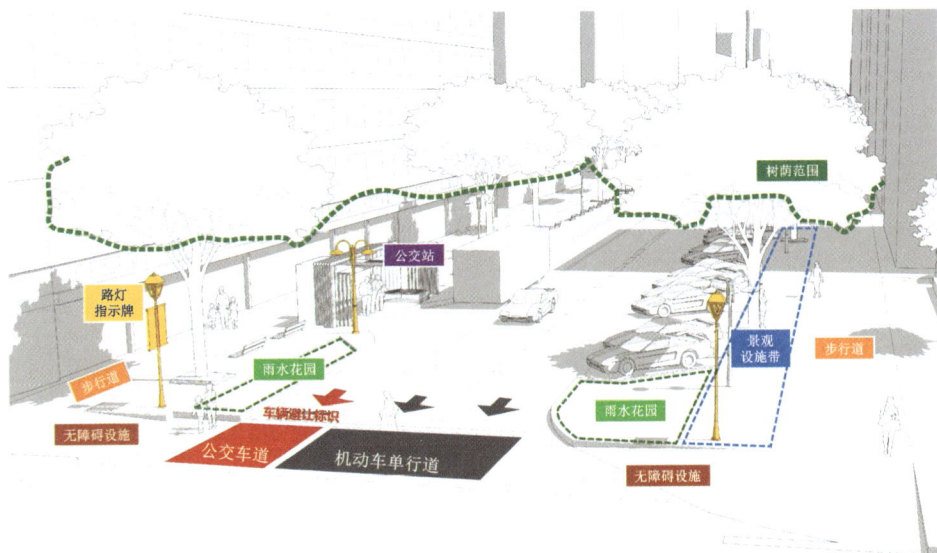

图 3-39　街道改造功能划分建议

　　绿色：倡导绿色低碳，打造海绵城市，促进人工环境与自然环境和谐共存。例如，在人行道与车行道之间提供隔离带(路边停车、设施带)，沿街设置雨水花园、口袋公园等，铺装采用绿色、可渗透材料，提高自然包容度和步行舒适度等，如图 3-40 所示。

图 3-40　绿色街道改造建议

活力：通过增加步行空间，将更多的道路空间留给行人，以增加沿街商业活动，优化机动车交通与慢行交通的空间分配；同时，提供舒适、宜人的空间交互环境体验，形成富有吸引力的街道氛围，增进市民交往交流与社区生活体验，鼓励创意和创新。

智慧：整合街道设施进行智能改造，配合大数据，提供智行协助、安全维护、高效引导、生活便捷和环境智能服务。

街道改造后，行人车辆能够各行其道，沿街绿色设施带布置齐全，步行空间扩大，与街道两侧店铺的交互空间增加，步行空间活力提升；同时通过大数据实现智能引导与服务，从安全、绿色、活力、智慧四个方面全面提升了街道空间的品质（图3-41）。

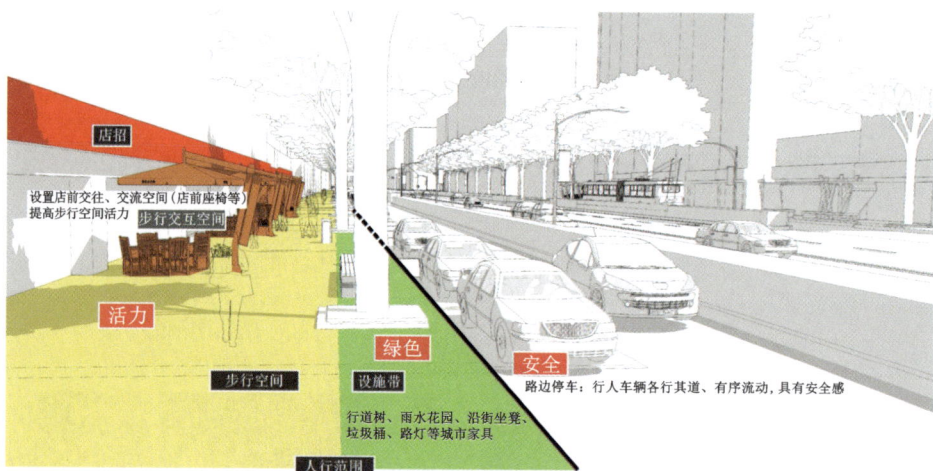

图3-41　改造后街道布局意向图

2.公共空间更新

公共空间是城市中面向公众开放并提供休闲、娱乐、交流等多种公共活动的场所，其空间形态在城市整体环境中占据了核心地位。

公共空间的价值：从城市及社会研究角度来看，公共空间是社会生活交往的场所。公共空间能促进城市中不同社会阶层或团体的人们进行交流、融合，它的多元化和包容性的特征是人们相互理解、社会安定和谐的重要因素，是城

市活力的重要来源。

　　公共空间的特征：公共空间是"所有人能合法进入的城市的区域"，它具备公共性与可达性。

　　公共空间的分类如图 3-42 所示。

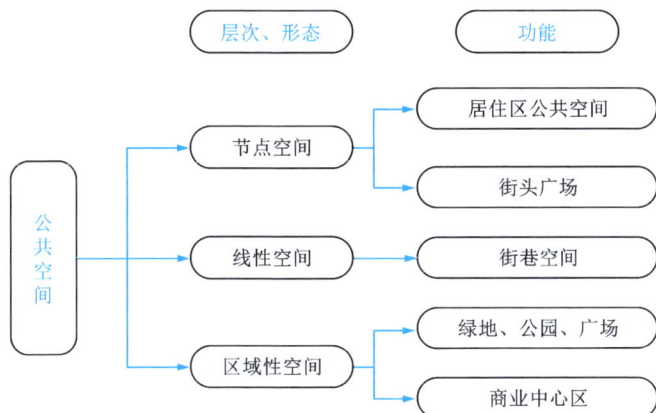

图 3-42　公共空间的分类

　　项目公共空间现状或问题：目前，本项目研究范围内存在公共空间缺失度高、公共空间品质低两大问题。本项目研究范围内普遍存在着公共空间缺失度高的问题，仅西部区域有大沙河滨河公园、桃源文体中心广场两处公园广场空间，存在公园广场空间数量少、分布不均的问题；即使将本项目研究范围周边的大沙河公园纳入考虑，现有的公园广场空间也无法满足研究范围 500 m 服务半径全覆盖的需求。现有的商业中心规模非常小，且主要分布在研究范围北部，缺乏辐射整个研究范围的高品质商业中心空间。此外，本项目研究范围内有很多闲置绿地，包括平南线的防护绿地，这些用地都有巨大的潜力成为区域性的公共空间。本项目研究范围内还存在着公共空间品质低的问题。例如，大沙河滨河公园缺乏座椅等服务设施，桃源文体中心广场存在缺乏休憩活动空间、停车侵占空间、商场空间逼仄、设施杂乱、桥下空间街边小贩聚集、空间废弃等问题。

　　公共空间更新策略：结合公共空间缺失度高、公共空间品质低的问题，提出以下四点更新策略。

(1)节点优化——重点打造节点广场、增加街角口袋空间

桃园文体中心广场目前存在缺乏休憩设施、缺乏多样化的活动空间、材质生硬等现状或问题，提出以下三点改造意向：通过水设施打造居民互动式休闲场所，实现亲水功能；设置开放式草坪，营造城市自然体验空间，提升休闲体验；增加座椅等，为居民提供休憩场所。

(2)线性织补——连接滨水公园，构建线性桥下空间

针对大沙河滨水公园更新，通过打造亲水岸线、开发水上活动来丰富滨水活动，实现亲水功能；升级慢行道系统，提升慢行体验；完善公共卫生间、便利店、座椅等公共服务设施。

(3)创意植入——结合文化，打造创意城中村街巷空间

目前城区内的城中村普遍存在着混乱、环境较差的问题，但是城中村文化也充满着生命力，具有多元性、包容性、开放性的优势。通过创意改造，结合城中村文化，引导艺术家来此创作，通过艺术与城中村原生文化的碰撞打造活力空间，植入艺术装置，也可以以城中村为载体举办展览等活动，策划一系列创意活动。

(4)活化闲置——利用闲置绿地打造城中山体公园

本项目研究范围内分布着多处闲置绿地，主要包括铁路防护绿地、高压走廊等山地空间，均是完全闲置废弃的状态，不仅浪费了空间，同时还割裂了城市。在城市的同步更新中，将可用的部分闲置绿地打造成城中山体公园（图3-43），提供城市活动空间的同时，修补城市生态空间，缝合城市功能空间。

3. 老旧小区整治

现状或问题：本项目研究范围内的老旧小区普遍存在着建筑本体老旧、小区环境品质低的问题。建筑本体方面，建筑立面部分墙砖有脱落现象，外墙缺少清洁，多层建筑楼间距过窄，建筑内部空间楼梯间扶手老化，墙面广告多，缺乏电梯，管线混乱，设施陈旧。小区环境方面，小区院落内公共空间使用率较低，居民可参与的活动类型少，街道间公共空间被严重侵占，社区公共服务设施不完善，缺乏无障碍设施，绿化形式单一，街道乱停车现象严重，人车混行，存在安全隐患。社区软环境方面，社区缺乏物业管理，商业性文娱设施种类单一、数量缺乏。

图 3-43　城中山体公园

　　整治措施：针对老旧小区存在的上述问题，提出如表 3-2 所示的整治措施。

　　触媒营造：根据城市触媒概念，以菜市场为更新触媒，引入特色产业与服务，优化市井生活体验，逐步实现片区功能转型与品质提升。例如，改造菜市场前小广场，使其成为片区中心活力点；调整优化菜市场内部业态品质，提升居民购物品质，吸引游客消费；以菜市场为区域吸引点带动周边的社会发展，提升片区经济活力。

4. 市政设施改造

　　管线改造问题：部分街道、小区仍有许多电力管线被架空或垂掉下来等现象，存在安全隐患，如图 3-44 所示。此外，还有地下管线种类众多、地面重复开挖等现象。

表 3-2　老旧小区整治措施一览表

			基础措施	额外措施
违法建筑			• 拆除	
危险建筑			• 拆除/加固	
一般建筑	建筑本体			
		建筑立面	• 墙体清洗 • 墙体粉刷 • 空调规整 • 防盗网改造 • 遮阳棚改造	• 阳台改造 • 屋顶绿化 • 节能改造 • 太阳能系统安装 • 屋顶平改坡
		内部空间	• 楼道清洗 • 楼道刷新 • 扶手更新 • 无障碍设施	• 增加电梯
		管线设备	• 线缆规整 • 老化设备改造 • 楼道照明	• 对讲系统 • 光纤入户
	小区环境			
		公共空间	• 社区内空间更新 • 违建拆除 • 清理废旧自行车	• 健身体育器械 • 休憩设施
		公共服务设施	• 消防设施 • 垃圾回收 • 公共照明 • 排水改造	• 智能快递箱 • 雨污分离
		景观绿化	• 增补绿化量	• 增加花池 • 增加建筑小品
		交通道路	• 道路整平 • 停车位整治	• 立体停车 • 充电桩 • 非机动车棚
	社区软环境			
		社区管理	• 完善物业管理	
		文化空间	• 增加文化长廊	• 文化雕塑

　　综合管廊优化手段：针对管线改造问题，提出利用综合管廊的方案。改造布局不合理的市政管线，使老旧管线与新管线统一协调，架空的电力管线全部埋地。考虑市政管网与市政设施位置及道路横向、竖向、线形的衔接，避免出现市政管网无法接入设施或与道路出现矛盾的情况发生。结合雨污水管同时完成地下管网改造。

　　使用 BIM 技术对规划区综合管网及管廊建设进行分析、优化。利用 BIM 技术对管廊节点、监控中心结构、装饰等进行建模、仿真分析，提前模拟设计效果，对比分析，优化设计方案。

图 3-44　空中管线杂乱无章

5. 公共服务设施更新

对于公共服务设施，提出基础完善、提档升级、智慧发展的更新理念。

基础完善——查漏补缺，完善规模。优质的公共服务设施和基础设施代表着城市功能的完善。通过城市修补、生态修复提高城市发展的质量，根本在于以宜居为目标，规划和建设高品质的公共服务系统和基础设施体系，为城市长久持续发展奠定牢固基础。

提档升级——塑造 15 min 公共服务设施圈（图 3-45）。在区内现状基础上，以 15 min 步行距离为界、以 1000 m 为服务范围，覆盖规划全区域居住用地，设置幼儿园、小学、社区服务中心、文化活动中心等，以服务民众。

智能发展——实现部分设施智能化。文化设施方面，搭建智慧化服务平台，推进公共文化服务云系统建设；物流设施方面，推进智能物流系统；医疗、养老设施方面，搭建医疗健康云平台，实时掌控居民健康情况；同时引进新型教育系统，建设智慧教育。

图 3-45　15 min 公共服务设施圈

6. 生态修复

山体修复：针对城区范围内山体修复，采取生态挡土墙、锚杆、挂网、环保草毯等措施，吸收雨水冲击的能量，减少对土壤的冲刷，避免山体的坍塌。

桥下空间：针对桥下空间，采取立体绿化方案，构建桥下生态游园。可在桥柱（图 3-46）底部设置种植池，也可在侧壁悬挂绿化网，使植物攀缘在绿化网上向上生长。栏杆（图 3-47）上可采用外挂花箱的方式，将花槽设置于栏杆外侧的支撑结构上，同时设置滴灌装置以保持花草植物的活性。挡墙（图 3-48）绿化有两种形式：一种是在挡墙下砌花池，挡墙壁上悬挂绿化网使植物攀缘而上；另一种是挡墙上方设置花池，使得植物顺着墙壁绿化网向下悬挂生长。

桥柱悬挂绿化网

桥面

桥柱

绿化网
植物攀缘而上

种植池

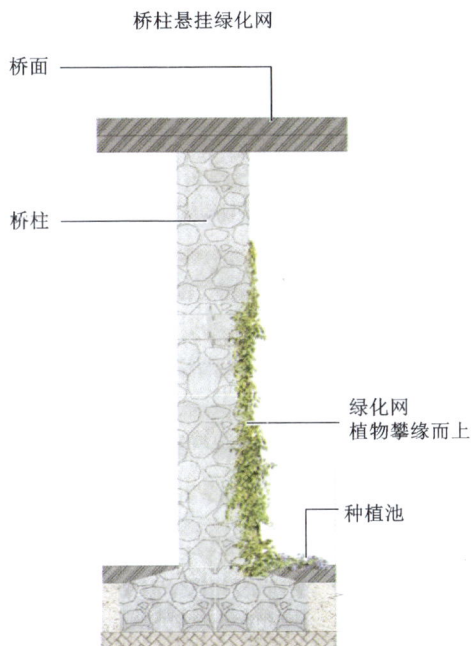

图 3-46 桥柱立面绿化

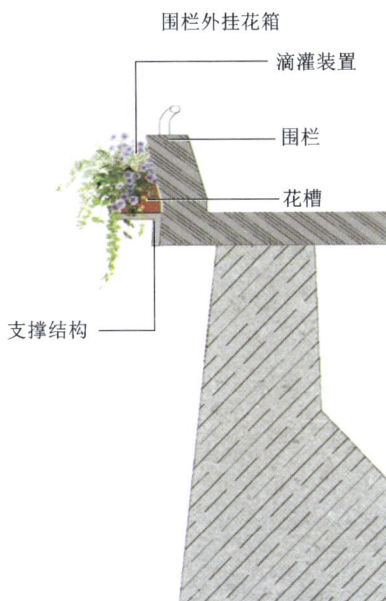

围栏外挂花箱

滴灌装置

围栏

花槽

支撑结构

图 3-47 栏杆立面绿化

挡墙下砌花池

栏杆挡墙

绿化网
植物攀缘而上

种植池

花池挡墙一体

花池+挡墙

绿化网
植物悬挂向下

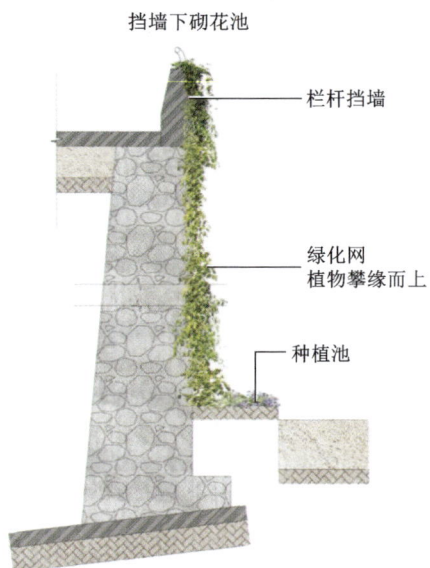

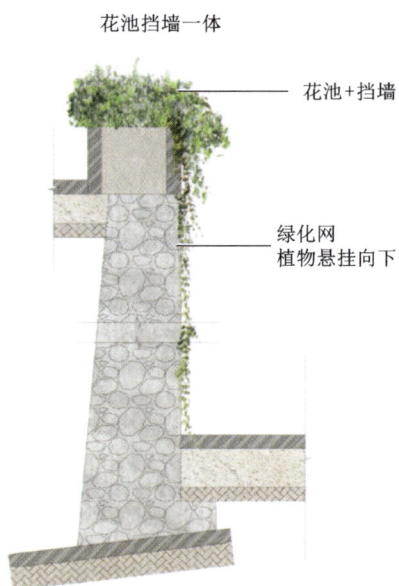

图 3-48 挡墙垂直绿化

海绵城市构建体系：在现有城市管道的基础上，最大化利用下沉式绿地、生态旱溪等生态设施缓解城市雨水排放压力。沿主要道路设置排水草沟，汇流雨水至下沉式绿地，形成雨水的自然渗透。场地内部设置雨水花园，调蓄公园硬质广场的排水，并打造自然野趣的生态景观。遵循海绵城市设计理念，合理设计场地标高，降低不渗透地面比例，布局生态雨水管理设施，将场地内产生的雨水径流自然引入生态雨水管理设施内，实现雨水的蓄、滞、净化和下渗，超标径流通过溢流井错峰排入周边市政雨水管网。

3.4　本章小结

本章以具有轨道交通穿越城市、处于次中心区位特性的城区为研究对象，研究了轨道交通建设为周边区域带来的机遇和挑战，提出了采用声屏障与局部全封闭上盖结构结合的降噪措施；采用了"从分隔到融合，打造 TOD 核心区"的城市规划设计思路，并借鉴了社区微更新、城市触媒、"城市针灸"等城市更新理念。

基于上述总体思路，本章以平南线西丽—塘朗山段铁路扩建项目为例，从上位规划、城区布局、现状与发展潜力方面分析了轨道交通建设和噪声对该项目片区规划的影响，提出了将上盖结构打造为上盖公园，并研究了具体落地应对措施。最后，从街道改造、公共空间更新、老旧小区整治、市政设施改造、公共服务设施更新、生态修复六个方面提出了详细的更新方案，全面提升城区环境品质。

参考文献

[1] 郝杰.城市交通枢纽地区空间更新策略研究[D].哈尔滨：哈尔滨工业大学，2009.

[2] 石海洋，侯爱敏，吉银翔，等.触媒理论视角下高铁枢纽站对城市发展的影响研究[J].苏州科技学院学报(工程技术版)，2013，26(1)：55-59.

[3] 贾永达，郭谦.城市针灸理论研究与分析[J].中外建筑，2021(3)：86-91.

[4] 李朝阳.铁路建设与城市规划相协调的探讨[J].铁道运输与经济，2005(5)：81-83.

［5］杨光.TOD 开发模式下的高铁站点周边地区土地利用研究［D］.成都：西南交通大学，2016.

［6］李雪，周涛，喻永辉，等.重庆沙坪坝高铁枢纽 TOD 交通规划实践与总结［J］.城乡规划，2021(6)：114-124.

［7］王有为.适于中国城市的 TOD 规划理论研究［J］.城市交通，2016，14(6)：40-48.

第 4 章

城市核心区高架轨道
声屏障设置探索

轨道交通在高架桥地段造成的噪声已成为我国城市环境声源中一种重要的噪声源，其噪声强度高、覆盖广，对密集住宅区、环境敏感区的环境质量影响极坏，因此，其产生的交通噪声问题不可忽视，开展高架轨道交通噪声防治工作迫在眉睫。

声屏障作为有效控制措施，一直被广泛采用。但是，传统屏障自身景观的不足阻碍了声屏障与环境的融合，致使声屏障从城市景观中孤立出来。随着人们对美好城市建设的向往，提出了声屏障景观设计这一重要理念。本章首先阐述了声屏障的特点与降噪效果，之后分析了传统声屏障景观的不足之处，论述了声屏障景观设计理念，最后结合设计案例探讨了声屏障景观设计的设计要点与重要性。

4.1 传统轨道交通声屏障降噪措施概述

4.1.1 声屏障降噪原理

声屏障是指在声源与受声点之间设置的由密实材料构成的声学屏障板，其降噪的理论依据是惠更斯-菲涅耳原理。当噪声源产生的声波传播到声屏障后，会出现三种不同的继续传播方式，即声波在壁面发生反射、声波透过声屏障到达受声点和声波越过声屏障顶端到达受声点，其对应于声传播的三种现象——反射、透射和衍射。声屏障的作用原理是通过阻挡直射声、隔离透射声、削弱衍射声，在受声点侧形成声影区，从而达到降噪效果。其中，声影区大小取决于声屏障的有效高度、位置和声波频率[1-3]。

4.1.2 声屏障降噪效果

声屏障降噪效果一般采用插入损失来评价，其定义为在保持噪声源以及地形、地貌和气象条件等周边环境因素不变的情况下，同一噪声源在声屏障安装前后，在某特定位置上的声压级之差。

动车组运行速度相同时，声屏障的插入损失随着声屏障高度增加而增大。研究表明，声屏障只有达到"一定高度"才能明显提升附加降噪效果，当高度超过临界点后再通过增加声屏障高度获得的附加降噪效果并不明显。此外，同等高度声屏障对不同运行速度列车的降噪效果是不同的，当列车运行速度较低时，轮轨噪声占主导地位，低于 2 m 的声屏障可以对声源位置较低的轮轨噪声起到良好的隔音作用。

4.1.3 声屏障设置原则

声屏障的结构、尺寸和位置距离等参数，都会对插入损失的大小产生影响。声屏障高度尺寸的主要设计依据是声源与受声点之间的距离。一般来说，声屏障的高度每提高 1 倍，插入损失可以增加约 5 dB，且当声屏障距离噪声源越近时，隔声效果越好。对于城市道路和桥梁，声屏障的设置主要考虑以下几个因素[4]：

①受保护的对象与噪声源高度差是否适宜。

②周边环境是否存在声反射面及其他噪声源。

③声屏障能否有效覆盖声源面。

④声屏障是否与周边环境景观相协调。

声屏障的设置应根据不同轨道交通噪声污染源频谱，时域特性，声屏障与噪声源、受声点三者之间的相对位置关系，以及轨道交通安全性、经济性等因素，合理确定声屏障结构形式及设置的高度和长度。

4.1.4 声屏障的类型

目前，声屏障已发展成多种形式。通常可按照以下四种方式分类。

1. 按照结构设计分类

按照结构设计，声屏障可分为直立式、全封闭式、半封闭式[5]。直立式声屏障主要用于控制轮轨噪声带来的影响，其降噪量可为 6~14 dB。对于噪声严格控制的区域，可以设置封闭式声屏障来进行控制，其中半封闭式声屏障的降噪量可达 16 dB(A)，全封闭式声屏障的降噪量可达 18 dB(A)。

直立式声屏障是高速铁路桥降噪应用中使用得最多的一种结构形式，主要包括插板式金属声屏障和插板式混凝土声屏障。直立式声屏障与其他结构形式的声屏障相比，具有施工安装方便、技术完善、节约施工空间等突出优点，因此它在声屏障中的使用量接近 90%。但这种直立式声屏障也有其缺陷：它的降噪效果与自身高度、吸隔声性能有着直接的关联，而且在应用过程中可能会造成一定的声衍射问题。

半封闭式声屏障适用于高速铁路桥两侧对降噪要求不一致的区域，在对降噪要求较高的一侧安装声屏障，另一侧敞开即可。与全封闭式声屏障相比，半封闭式声屏障由于只有一侧是封闭的，因此在保证降噪效果达到要求的同时，还可以使得轨道交通保持通风与充分采光[6]。

全封闭式声屏障的独特之处在于将轨道交通置于一种密封的环境中，经过该路面的列车噪声和钢轨的反射噪声都被包罗在声屏障内，没有直射噪声和衍射噪声的影响。全封闭式声屏障可以牢牢地封闭声源，只有少量的噪声会通过声屏障向外透射并被分散。所以，与直立式声屏障、半封闭式声屏障相比，在削弱噪声方面，全封闭式声屏障是最佳的选择[7]。

2. 按照声学材料特性分类

按照声屏障面层材料吸声性能的大小，可分为吸声型和反射型[8]。吸声型声屏障是指面层材料吸声系数大于等于 0.5 的声屏障，例如穿孔板、薄板及大空腔共振吸声结构等。吸声型声屏障的优点是在平行声屏障中可提高噪声衰减量，改善公路上的声环境质量；缺点是造价高、维护费用高。反射型声屏障是指面层材料吸声系数较小的声屏障，它主要靠钢筋混凝土板或砌块等密实材料的隔声作用来降噪。反射型声屏障的优点是构造简单、材料便宜、结构稳定性好；缺点是自重较大、占空间较多，同时由于反射，公路上的声环境质量有所下降。

3. 按照屏体构造形式和屏体材料分类

按照屏体构造形式，声屏障可分为砌块类声屏障和板类声屏障。按照屏体材料，声屏障可分为非金属类声屏障、金属类声屏障和生态型声屏障等。

4.1.5 声屏障的设计

声屏障设计主要包括声学设计与结构设计。其中，声学设计依据规范《声屏障声学设计和测量规范》（HJ/T 90—2004）。声屏障设计程序如图 4-1 所示。

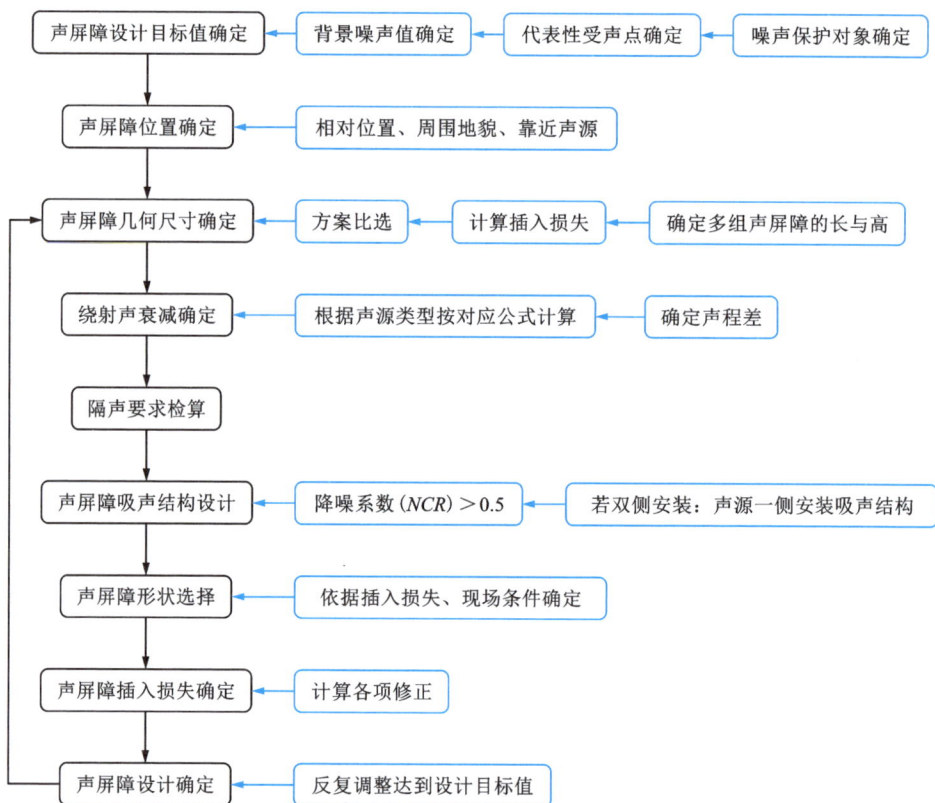

图 4-1 声屏障设计程序示意图

声屏障的声学要求确定了它的几何尺寸和位置。在结构设计中，推荐方案应满足结构在运输、安装和使用过程中的强度、稳定性和刚度要求，符合降噪、

耐火、耐腐蚀、耐潮、耐老化、防眩目、防尘等要求；声屏障的景观效果与周围环境相协调。具体应严格参照规范《铁路声屏障工程设计规范》(TB 10505—2019)执行。

近年来的声屏障理论研究主要向局部的优化设计等方面转变。声衍射的特点是衍射声波主要集中在声屏障顶端。在声波衍射过程中，声屏障上边界形成一个假想的二次声源。因此为了提高声屏障的插入损失，考虑对声屏障顶端部分增加吸声圆柱体。研究结果表明，采用 T 型、Y 型顶端结构设计的声屏障，插入损失较大[9]。

4.1.6　传统声屏障景观的不足之处

随着人们生活水平的提高，以及声屏障设计水平的提高，从声屏障发展趋势来看，声屏障的景观设计已被提高到与声学设计、结构设计同等的地位上来了，已成为声屏障设计的一个组成部分。传统声屏障仅具备降噪这一基本属性，它的主要建造目的是降低轨道交通系统对周围环境的噪声污染，但是，声屏障在减少噪声污染的同时，也带来了新的视觉问题，即造型单调、色彩单一、空间割裂和审美疲劳四大视觉问题。

1. 造型单调

事物的外观和造型会对人的视觉感官和心理产生不同的影响，因此，在声屏障设计中，外观设计非常重要。传统声屏障淡化了声屏障景观设计这一重要环节，致使粗糙且单调的外观一成不变地连片覆盖在轨道交通两侧，造成人们心理上的不适，进而使人们产生压抑感、疲劳感。因此，如何使声屏障的外观更加柔和并避免形式的单调，是声屏障外观设计中必须考虑的。声屏障外观按其面向与布局，可分为朝向声源的内侧面、朝向受声点的外侧面、桥体-声屏障一体化三个范畴。

（1）声屏障内侧面

在声屏障内侧面，由于列车速度较快，行驶中乘客的视线是随着列车快速移动的，展现在乘客面前的是一组快速移动的连续画面。乘客很难全面地感受到声屏障外观的变化。因此，声屏障内侧面的外观设计应考虑乘客视线的快速移动与连续性，使呈现的景观为柔美光滑的曲线形画面，即在追求景观变化的同时也要关注景观的连续性。同时，为避免声屏障突然出现或消失所带来的视觉冲击，可在声屏障两端进行过渡设计，使声屏障渐进或缓慢地进入或退出乘客的视野。

（2）声屏障外侧面

声屏障外侧面的景观效果主要取决于声屏障整体的视觉效果及与周围环境的融合度。传统声屏障一般设置较长，外形上的变化过于单调，长直的外观容易使人产生视觉疲劳。而长直的片状结构与周围多样化的环境会产生空间上的冲突与违和，甚至会将原本和谐的建筑环境破坏，产生严重的环境不协调，影响城市风貌。因此，在声屏障景观设计中应改变声屏障单调的造型，如分段设计声屏障顶端线条形式，采用错落有致的顶部结构等，使声屏障外观不再单调沉闷，而具有一种动感美。同时，里外交错的声屏障设计会增加声屏障整体的立体感与空间感，淡化声屏障对空间的割裂感和与环境的分离感。

（3）桥体–声屏障一体化

声屏障建设属于轨道交通工程组成部分，声屏障与轨道交通的契合度、整体性是影响声屏障美观的关键因素之一。传统声屏障设计将声屏障与轨道交通独立开来，在原有的曲线桥梁上添加一块块板状结构，并未对两者进行有机结合。

2. 色彩单一

传统声屏障受材料的约束，对于色彩方面的设计追求少之又少，往往以连片的单色调呈现在大众视野里，缺乏生机与变化。此外，声屏障的色彩选择应该考虑环境的整体色调与不同光影环境下的表现特征，这就要求声屏障景观的色彩设计应该充分考虑色彩的对立性、色彩的纯度及色彩带来的情感要素，例如粉红色代表甜美与浪漫，能够安抚焦躁的情绪，绿色是一种稳重而积极的颜色，能增添心理的舒适感等。

3. 空间割裂

连续建设的声屏障给人的直观视觉感受便是空间上的割裂，当多条线路并行时，空间割裂更为明显[10, 11]。传统声屏障带来的空间割裂一般可分为平面割裂与立面割裂两部分。

（1）平面割裂

传统的路基声屏障加重了轨道交通的平面割裂。它将周围原本一体化的城市区域进行了分割，不仅会影响城市风貌，还会影响城区的发展。因此，如今的规划设计中，考虑到经济发展模式，往往会在某一段落采用上盖建设方案来维持高架轨道两侧经济、人员流动上的正常发展。

（2）立面割裂

传统声屏障的立面割裂主要影响大众审美与城市外貌，割裂现象主要集中表现在高架桥声屏障上。长直的传统高架桥声屏障高悬在上空，带来沉重的阴影与压迫感，给人一种压抑的感觉，打破了原有环境建设的和谐。因此，对于高架桥声屏障，更要求关注桥下空间利用和绿植一体化建设，将高架桥声屏障纳入原有的立体环境中，增加空间上的层次感。

4. 审美疲劳

在列车行驶过程中，乘客的视野被列车的窗框限制，导致在乘车过程中容易产生审美疲劳，而声屏障是道路沿线景观的一部分，通常出现数量多，延伸距离长，会对乘客产生一定的影响。因此，声屏障景观设计是十分必要的，一方面能维护城市景观的整体性，在保证城市肌理完整的情况下改善环境；另一方面还可以提升出行乘客的幸福指数，提高人们的精神生活水平，满足人们对视觉审美的要求。

4.2　声屏障景观设计理念

声屏障作为高速铁路的重要组成部分，在隔声降噪的同时，也成为铁路沿线的一道风景。当铁路两侧同时修建有声屏障时，司机和旅客会有不同程度的压抑、紧张、疲劳等不适感觉，犹如在长长的廊道中行进，即产生廊道效应[12]。因此，通过景观美学设计声屏障景观，降低声屏障对旅客视觉造成的影响，提升旅客视觉美感，成为重要的研究目标和方向。声屏障景观设计需从色彩、材料、造型、环境四个方面着手，遵循实用、生态可持续、以人为本、地域特色和适中有度五个原则来进行设计[13]。

4.2.1　景观设计的特性

声屏障景观设计的特性不仅受声屏障自身特点制约，还受周围环境、交通特点等因素的制约，主要表现在声屏障位置的特殊性、材料的局限性、审美的差异性、环境的统一性和交通的功能性上。

1. 位置的特殊性

声屏障景观是声屏障的附属产品，在地理位置上与声屏障完全统一，都位于道路边界处，且其实际使用面积受到地理位置的制约。这要求在进行优化设计时，在有限的空间内将声屏障景观的美观特性最大化。

2. 材料的局限性

声屏障的建设以降噪为主要目的，附属的景观设计只是其中一部分，因此多采用成本低、功能明确的吸声材料，例如金属复合板，以及水泥、钢筋混凝土、玻璃纤维等非金属复合板，材料种类虽多但材料的美观程度低，不同材料的质感差异大。

3. 审美的差异性

声屏障景观作为审美对象，流动的乘客与周围人群作为审美主体，在行车时审美对象处于流动状态，地域文化之间也存在差异。因此，声屏障景观在设计时，需要设计者自主地综合考虑各方面的因素，在结合地域文化特色的同时，最大程度地做到符合大众审美。

4. 环境的统一性

声屏障景观视觉上的改变是优化设计的重点方向。城市文化氛围为城市赋予了更深的内涵。声屏障景观作为城市构成的一部分，需要融入文化内涵，整体上与城市特色相呼应。同时，要关注声屏障的周边环境，在融合城市文化的同时，也要整体统一于周边环境。

5. 交通的功能性

声屏障景观最重要的是保证其交通功能的完整。声屏障景观自身具有强烈

的存在感，会在高架轨道两侧不规律、间断地出现。因此，声屏障景观在设计上需要合适的舒适度，从而保证列车行驶的流畅性与安全性，不能过于浮夸，给人巨大的视觉冲击，干扰驾驶者的视线安全。

4.2.2　景观设计的基本原则

声屏障景观除了满足视觉上可视性的美化外，还需要兼顾声屏障的功能与实用性。因此，在进行声屏障景观设计时，需要遵循以下五个原则。

1. 实用原则

声屏障景观设计的实用性是前提。声屏障景观需要经受得住长时间不同自然天气变化造成的伤害，不能因景观设计而忽略其安全性、牺牲声屏障原本应有的降噪功能，而应该在保证声屏障基本降噪功能的基础上，找到美观与实用的交叉点并达到共存。

2. 生态可持续原则

生态可持续原则主要包括两方面。一方面是声屏障自身的生态可持续，这要求声屏障景观设计放弃使用对环境污染严重的材料，选择绿色环保的材料，将声屏障对自然环境侵害降到最低点。另一方面是声屏障景观与周围环境的生态可持续，这要求声屏障景观设计充分考虑周围环境特点，使声屏障景观与周围环境相融合，争取达到与生态环境相融合的状态。

3. 以人为本原则

人是声屏障景观的审美主体，对声屏障景观进行设计是为了满足人们追求美的精神需求，这要求声屏障景观符合大众的审美模式。只有找到更适宜于现代人的设计思维方法，才能从实际上改善声屏障景观对城市环境的影响，提升人们生活环境水平。

4. 地域特色原则

声屏障景观设计需要向地区文化靠拢，在进行设计时应该考虑到城市地域文化因素，就近取材，赋予声屏障景观更丰富的文化内涵，让声屏障景观成为城市景观的延伸。

5. 适中有度原则

声屏障景观设计的最终目的是美化城市环境。因此，在设计时需要掌握好尺度，过分地强调美观可能会影响功能的发挥或者给人带来不适感。掌握平衡与适度才能够使景观的美化功能发挥到极致。

4.2.3　景观设计的基本方法

声屏障景观的整体设计可以细化为色彩、材料、造型、环境等多个局部设计，即声屏障景观的整体设计是各局部设计的总和。因此，认真对待所有局部设计，便能达到声屏障整体美化的目的。

1. 声屏障色彩设计

色彩设计是声屏障景观设计中最基本最常见的手段，主要是对声屏障的颜色进行变化、改造。人对色彩的感知很敏感，不同属性的色彩对人的心理、生理产生不同程度的潜移默化的影响。

因声屏障内、外侧面审美对象不同，声屏障色彩的设计方法也不同。在声屏障内侧面从列车上乘客的角度来看，声屏障区域是在极短时间内呈现的，声屏障的一些细节和纹理并不明显，而其整体的形状、色彩十分突出。因此，声屏障内侧面最好选择能与周围背景颜色统一协调的色彩，且组合不宜过多，以中性、温和的色彩为主，避免因快速移动而反复变化的图案对乘客的视觉造成影响。在声屏障外侧面，声屏障颜色应减少压抑感，尽量与周围环境和谐统一，可以采用较淡的纹理及浮雕等，以达到较好的装饰效果；可以将当地的文化或建筑特色融于声屏障，使其与周围景观协调统一。在进行色彩选择时，还要考虑从城市色彩中提取，这样不仅能更好地与城市环境融合，防止声屏障从城市环境中脱离，还能体现城市文化的整体风貌。

2. 声屏障材料设计

声屏障材料设计更侧重于多种材料搭配与组合。声屏障吸声材料主要包括铝板、高强水泥、PC 板和玻璃棉等复合材料。其中：复合吸声铝板质轻，无污染，抗老化，抗冲击，抗冻融，吸声系数稳定，表面光滑、光亮，触感冰凉，可喷涂各种颜色；高强水泥基轻质复合材料表面粗糙，颗粒感强，纹理

比较明显，结构类型多样，可塑性高，可预制；PC 板表面光滑平整，色彩多样，呈透明与半透明状，透光性好；玻璃棉是玻璃纤维中的一种新型材料，质地柔软，纤维微细，渣球含量少，触摸起来质地比较柔软。将这些质感特点明显的材料进行不同的搭配，可以产生多种不同的效果。此外，对材料表面进行不同的处理，亦可达到意想不到的美化效果。例如，在车窗视野范围内的声屏障宜选用通透材料，避免声屏障妨碍乘客视角，不使乘客产生一种狭窄的感觉。

3. 声屏障造型设计

声屏障造型设计首先必须满足基本的建筑承载条件，确保设计的安全性；其次需要满足声屏障景观优化设计的五个基本原则。造型设计的最终目的是景观美化。声屏障造型设计可通过安装外加装饰面板、外加装饰构件和设置独立支撑体系等三种形式进行改造升级。

（1）外加装饰面板

外加装饰面板可以完全遮挡原有声屏障，且不受声屏障结构形式的约束，并有较大的设计与重塑空间，但是会增加桥体上部荷载。当采用大面积装饰面板时，需要重新对桥梁结构进行检算并进行局部加固。

（2）外加装饰构件

外加装饰构件一般采用轻质装饰格栅板，结构布局会显露原有声屏障，产生前后交错的立体美感，在兼顾外在美化效果的同时，对桥体增加的荷载也相对较小。

（3）设置独立支撑体系

独立支撑体系对桥梁结构无荷载压力，一般与绿色植被结合布置。植物的可塑性强，能够被设计成各种各样的形态。植物的造型与声屏障的造型相呼应，能够促进声屏障与周围环境的融合，从而形成声屏障绿植一体化布局。

4. 声屏障环境设计

轨道交通沿线环境复杂，建筑、道路、植物等都是频繁出现的构筑物。建筑与道路的改造难度极大，它们都有其自身的修建标准；而城区更是不可改变。因此，对声屏障环境的优化，更多的是对声屏障附近植物群落的优化配置，利用植物之间的相互围合及植物的合理选择，配合声屏障景观自身的美化设计，从而达到美化环境的作用。因此，对声屏障环境的设计主要是针对声屏障附近景观植物的优化，以及将声屏障景观与环境相融合。

4.3 西丽—塘朗山段铁路扩建项目景观声屏障降噪案例分析

4.3.1 项目概况

该项目处于塘朗山生态林地与大沙河景观带之间，紧邻西丽高铁枢纽站，如图 4-2 所示。项目正线全长 12.28 km，全线正线路基 2.06 km，桥梁 1.62 km，隧道 8.60 km，桥隧比约为 83%。

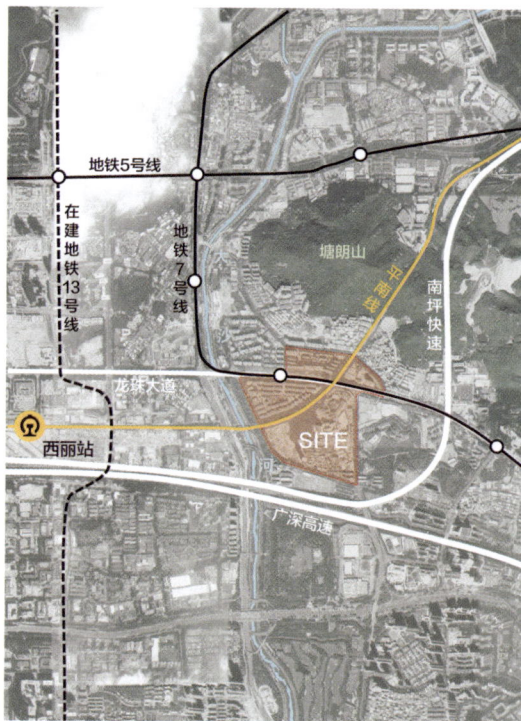

图 4-2　项目范围与轨道交通情况

根据现状分析,新建 9 条铁路并线段拓宽后(含平南线改建),既有平南线的防护距离与噪声影响区域被突破,将对周边龙辉花园、龙联花园等居住区域的用地、噪声、景观、交通等各方面都产生巨大影响。其中,噪声影响最突出。另外,片区还存在明显功能割裂、地块线性割裂、交通割裂等几大问题。

4.3.2　融合降噪措施的片区规划定位分析

综合考虑未来新增铁路轨道对周边居民和城市功能带来的影响,总体建议对不同路段采取不同解决方案,主要包括声屏障方案与上盖公园方案,如图 3-20 所示。其中,毗邻龙辉花园和龙联花园的段落实施上盖公园建设。该方案不仅降噪效果突出,同时对周边区域也可带来积极影响:改善周边区域的公共环境,推动区域城市更新与资产升级。未封闭段按照声屏障方案实施,考虑降噪效果和城市形象,声屏障方案建议采用以下三类:直立式+半封闭式声屏障、独立全封闭式声屏障和铁路声屏障的一体化设计。

4.3.3　直立式+半封闭式景观声屏障降噪方案研究

采取直立式+半封闭声屏障方案,全线铁路噪声叠加后噪声预测值昼间为43.2~50.9 dB(A),夜间为 41.4~49.4 dB(A)。根据景观设计出发点不同,景观设计方案可细分为六个,即时空穿梭方案、悦动音符方案、流沙时光方案、大浪淘沙方案、动感韵律方案和城市森林方案。

1. 时空穿梭方案

该方案(图 4-4~图 4-8)以呼啸而过的高铁为设计出发点,将白色氟碳漆喷涂的穿孔铝板作为外加装饰面板附着在隔音墙外侧,铝板上沿线分布着孔径均匀变化的圆形孔洞,底层设有加强板以增强桥梁结构承载力,两侧利用声屏障立柱和增加龙骨立柱等方式将其固定。

该方案通过动感变幻的纹理展现高铁穿梭的速度感、科技感与未来感,大小不一的圆形空洞犹如水珠浮现在大众视野内,当高速列车快速通过时会有一种流动的视觉特效,这也寓意西丽地区的快速发展与经济的蓬勃生机。由于夜间打开了声屏障内侧的灯光,声屏障景观本体融入夜晚的同时,大小不一的圆孔犹如闪烁的星点附着其上,似璀璨星空浪漫、梦幻,夜间驶过的列车好似时空穿梭一般驶向远方。

图 4-4　时空穿梭方案效果示意图

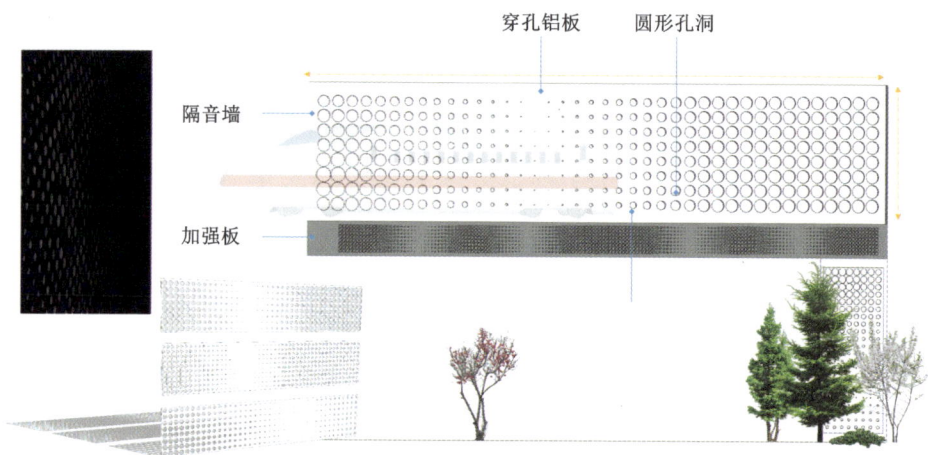

图 4-5　时空穿梭方案材料示意图

白色氟碳漆喷涂穿孔铝板

4 m

凹槽宽度/mm

50 150 450 150 50

素混凝土预留凹槽
深度100 mm

声屏障立柱 增加龙骨立柱

焊接连接件 4 mm穿孔铝板

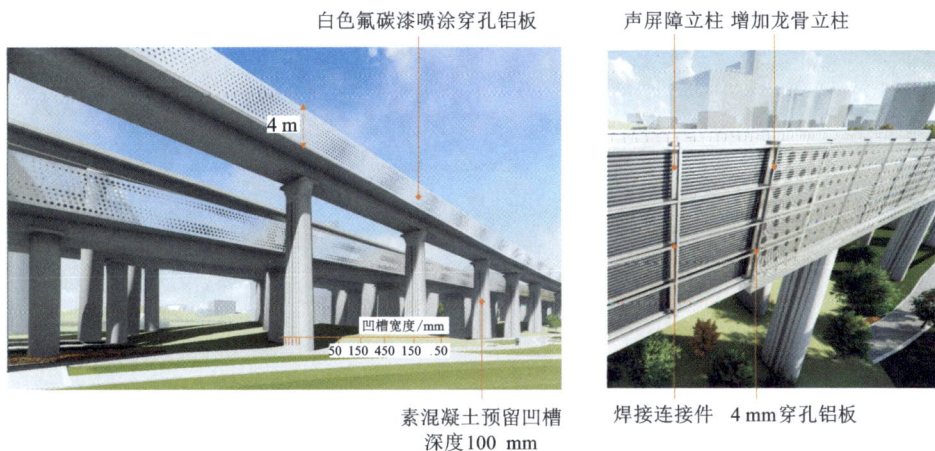

图 4-6 时空穿梭方案结构示意图

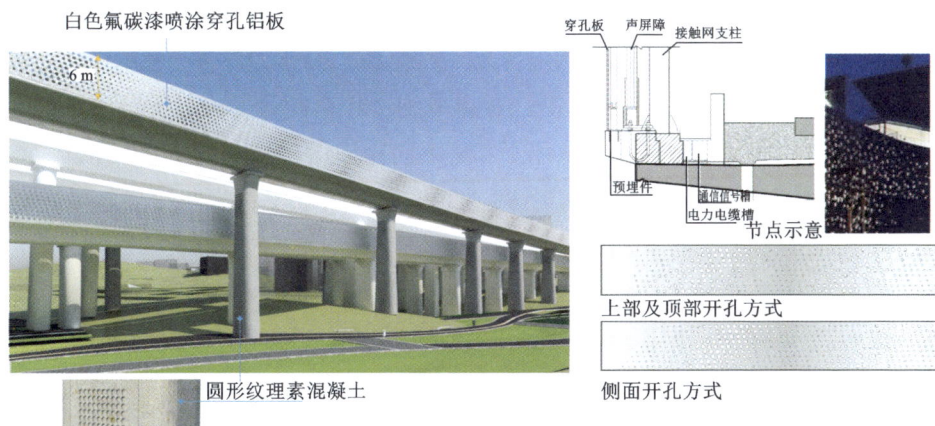

白色氟碳漆喷涂穿孔铝板

6 m

圆形纹理素混凝土

穿孔板 声屏障 接触网支柱

预埋件

通信信号槽

电力电缆槽

节点示意

上部及顶部开孔方式

侧面开孔方式

图 4-7 时空穿梭方案细部示意图

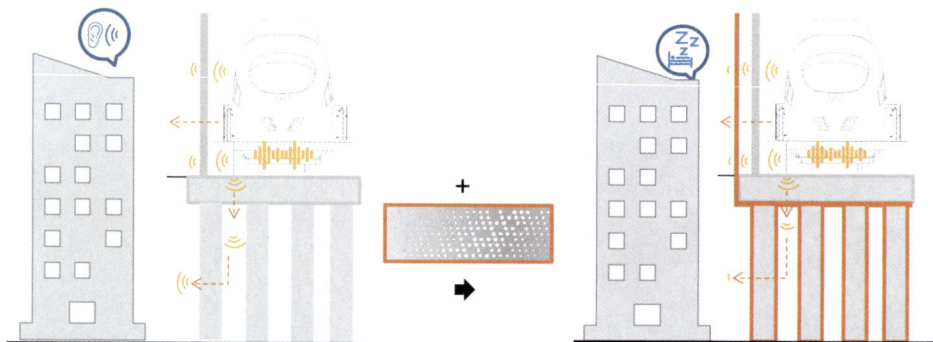

穿孔铝板吸音板的孔洞是互相贯通的，当空气中的分子受到摩擦时，或很细小的纤维
做机械振动时，这种孔洞就会使声能转变成热量，大大地降低了声音传播的音量。

图 4-8　穿孔铝板降噪示意图

此外，穿孔铝板具备二次隔音的作用，有助于噪声的进一步衰减。穿孔铝板吸音板的孔洞是互相贯通的，当空气中的分子受到摩擦，或很细小的纤维做机械振动时，这种孔洞就会使声能转变成热量，大大降低了声音传播的音量。

2.悦动音符方案

该方案(图4-9~图4-11)灵感来源于钢琴黑白交错的琴键，利用金属穿孔铝板作为装饰面板，立柱交错布置，金属装饰面板由相同长度、不同粗细比的棱条构成，宛如钢琴的琴键。连绵不断、不同高度的粗棱条宛如跃动的乐章，随着列车呼啸而过；又好比钢琴上跳动的乐符，弹奏着一曲曲优美轻快的乐曲，给人以无限的遐想。

金属装饰面板厚4 mm，高2.7 m，立柱间距1.5 m，声屏障与装饰面板通过装饰板龙骨连接。其中，装饰面板与装饰板龙骨采用螺栓连接，装饰板龙骨与声屏障 H 型钢立柱采用焊接，在结构上成为一体。

图 4-9　悦动音符方案效果示意图

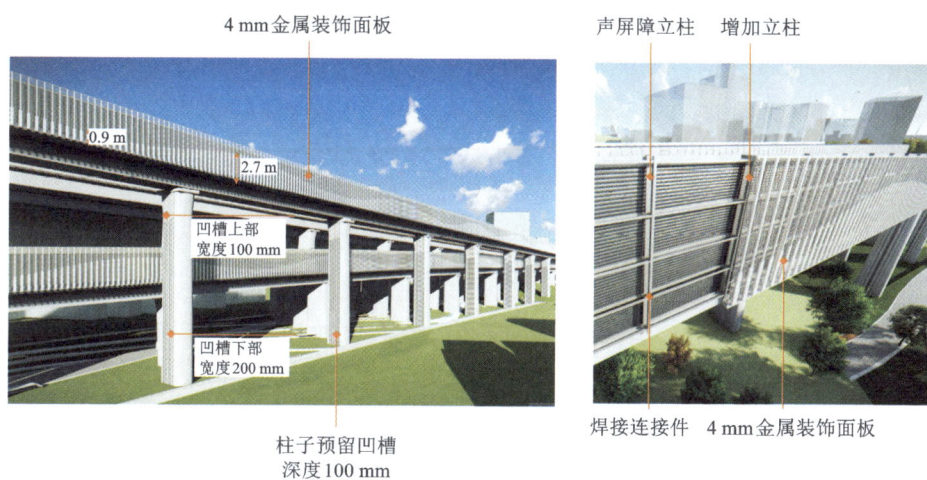

图 4-10　悦动音符方案结构示意图(1)

声屏障立柱　　声屏障　　装饰板龙骨

声屏障与装饰板
龙骨采用焊接

装饰板与装饰板龙骨采用螺栓连接

4 mm金属装饰面板

声屏障

4 mm金属装饰面板
高度同声屏障

接触网立柱

焊接连接件

龙骨立柱
间距同声屏障立柱

次龙骨

预埋件

电力电缆槽

通信信号槽

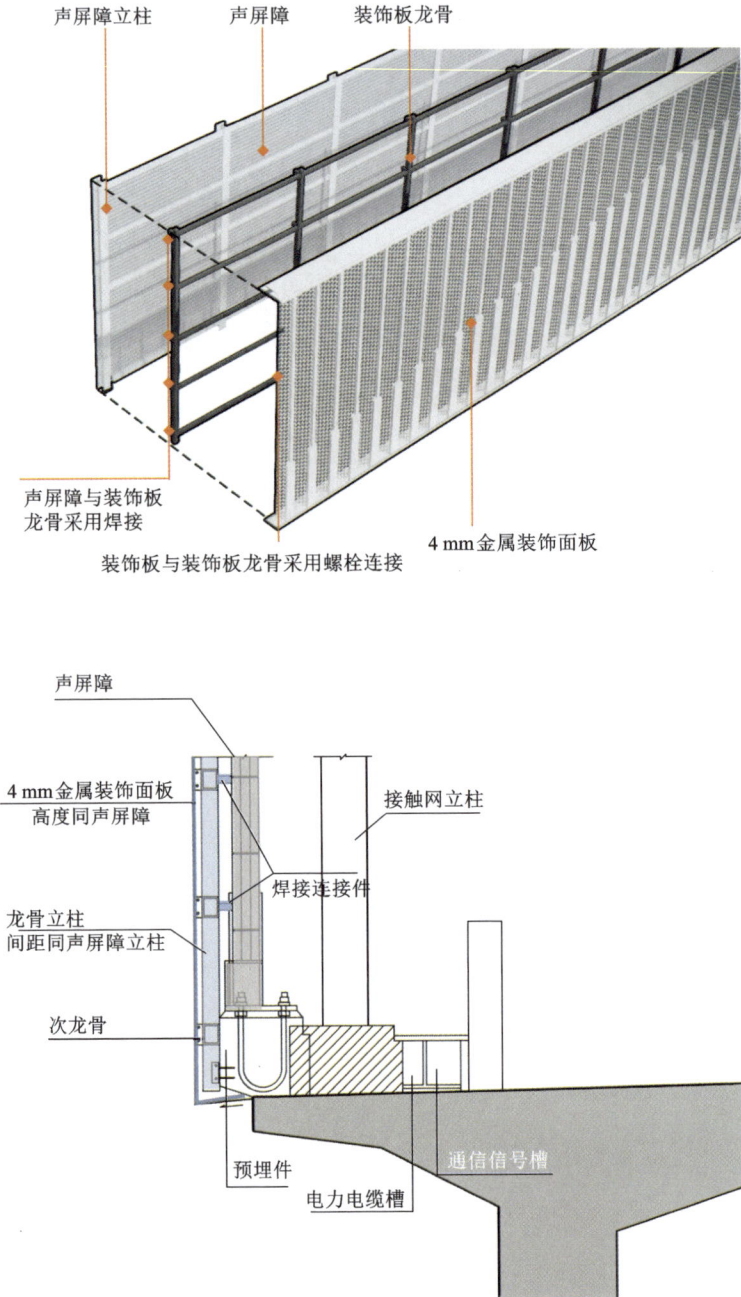

图 4-11　悦动音符方案结构示意图(2)

3. 流沙时光方案

该方案(图 4-12、图 4-13)以大沙河的采砂历史为设计出发点。流沙寓意着时光的变化,与呼啸而过的高铁相呼应。流沙形态的立面设计既承载了采砂的记忆,也展望着崭新的未来。

图 4-12 流沙时光方案效果示意图

该方案顶面与侧面采用颜色深浅不一的铝格栅作为底层的外加装饰构件,再配以深色铝板材质的金属光泽曲线条纹,侧面还额外铺垫了一层浅色铝板,提升了景观装饰整体的层次感,蜿蜒前行的深色金属波浪条纹与流沙的历史相呼应。

4. 大浪淘沙方案

该方案(图 4-14、图 4-15)采用浅色沙漠金 GRC 杆件与深色沙漠金 GRC 杆件构成的外加装饰构件将声屏障两侧及下方包裹住,深、浅金色的装饰棱条构成了颜色忽明忽暗的沙浪,彼此交融又前后交错,一个个深浅不一的金色峰谷宛如大浪淘沙一般,连绵不绝。大浪淘沙,一方面寓意着要直面遇到的困难,另一方面寓意着大风大浪之后辉煌的未来。

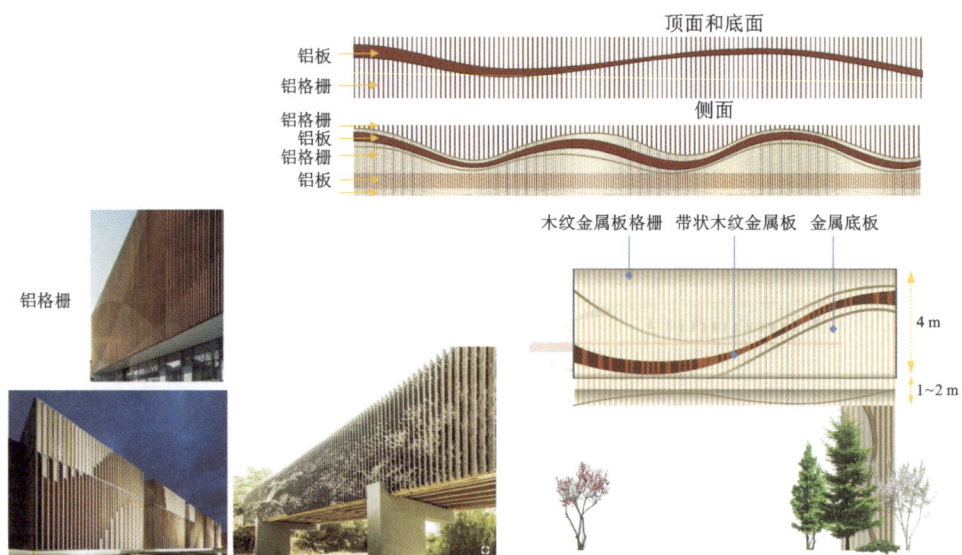

图 4-13 流沙时光方案装饰构件细节示意图

图 4-14 大浪淘沙方案效果示意图

解放初期，大沙河中行驶最多的就是采沙船，就连周边居民盖房子都是直接从河里取沙，因此该河得名"大沙河"，大浪淘沙方案的设计理念取自当地的历史记忆"大浪淘沙"。该方案以大浪淘沙为设计出发点，高低不一的装饰面板仿佛一片片上下起伏的浪花，而金色可以让人联想到藏匿于沙砾中的金子，在阳光的照耀下闪闪发光。大浪淘沙始见金，唯有经历过大风大浪的考验，金子才会折射出耀眼光芒。这也象征了中国高铁的发展历史，正是经历过无数的考验，才走到了如今的世界前列。

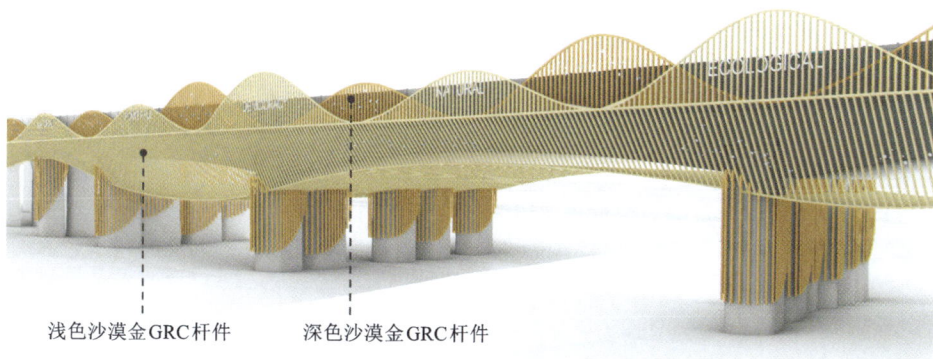

浅色沙漠金GRC杆件   深色沙漠金GRC杆件

图 4-15　大浪淘沙方案装饰构件示意图

5. 动感韵律方案

该方案(图 4-16、图 4-17)采用仿木纹铝格栅为外加装饰材料，为保持统一色调，下方桥墩侧面采用与仿木纹漆颜色一致的涂料，打造与自然连绵的城市风景线。

该方案的设计灵感来自竖琴的外形，一道道木纹格栅在阳光的辉映下仿佛琴弦一般在城市上空律动，诗意盎然。格栅的排列波动起伏，让行走之上的列车也具有了韵律感。仿木纹风格低调简约，和格栅排列形成的动感风格互相平衡，透露出一种美的秩序感，点缀在城市空中。

图 4-16　动感韵律方案效果示意图

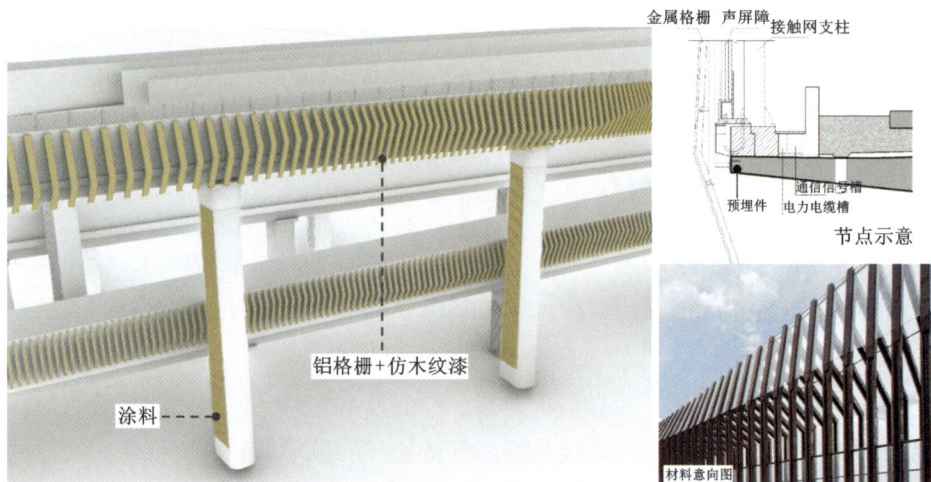

金属格栅　声屏障　接触网支柱

预埋件　　通信信号槽
　　　　　电力电缆槽

节点示意

铝格栅+仿木纹漆

涂料

材料意向图

图 4-17　动感韵律方案装饰构件示意图

6. 城市森林方案

该方案(图 4-18、图 4-19)以塘朗山野生桫椤(国家二级保护植物)的叶脉纹理为设计出发点,营造自然生态的氛围,以附近自然环境为素材,增强了该区域与周边环境的自然和谐。

图 4-18　城市森林方案效果示意图

该方案采用仿木纹金属构件为景观装饰独立构件。仿木纹金属棱条组成了高矮不一的树形面状结构,覆盖在深灰色桫椤纹理的钢构架上,组成了一排排浅金色的扇形树队列。该装饰独立构件作为植物攀爬的构架,底层还沿线布置自动滴灌系统。其成为联系工业产品与自然环境的桥梁,将声屏障自然融入周围环境,修复了轨道交通巨大的体量对城市造成的割裂,同时大大降低了声屏障对人造成的心理不适感。此外,攀爬植物应选择易维护、适应性强、攀爬牢固的植物,并适应深圳气候及台风天气,例如爬山虎、薜荔、三角梅等。

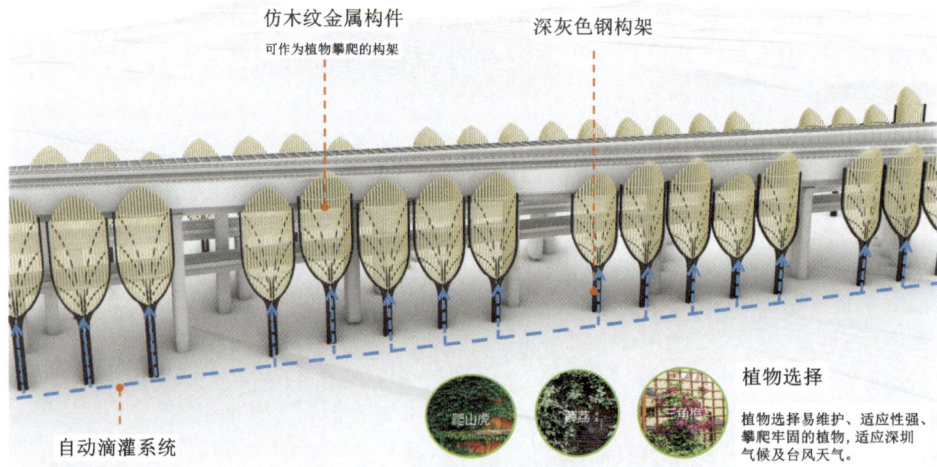

图4-19　城市森林方案装饰构件示意图

4.3.4　独立全封闭式声屏障方案

1.全封闭式声屏障案例

位于京雄城际铁路固霸特大桥区段，全球首个适用于时速350 km全封闭声屏障工程的"隔音隧道"建成[14]。该声屏障(图4-20)工程全长847.25 m，主体结构采用圆形钢架，跨长12.08 m，高达9.4 m，外围采用总面积约2.2 m² 的金属隔音板单元，最大限度地降低了高铁通过产生的噪声。"隔音隧道"传递中国绿色发展声音——"既要绿水青山，也要金山银山"。

深湛铁路江门至湛江段，设计速度为200 km/h，在江门境内有一段铁路距离著名的"小鸟天堂"仅800 m[15]。"小鸟天堂"是全国大型天然赏鸟乐园之一。该段铁路为最大限度地减少列车运行给鸟类带来的声光干扰，确保鸟类繁殖栖息不受影响，建造了长达2 km的拱形全封闭式声屏障(图4-21)，工程增加投资1.8亿元。

图 4-20　"隔音隧道"实景

图 4-21 "小鸟天堂"附近铁路全封闭式声屏障实景

2. 曲径折跃方案

该方案(图 4-22、图 4-23)以全封闭式声屏障封闭环境创造静谧感为出发点,将声屏障立面上不规则变化的曲线设计成犹如通向森林深处的一条条蜿蜒小道,在都市楼群中来回穿梭,带给人"曲径通幽"的意境;同时也寓意着弯曲的小路终将通往风景迷人的秘境,使人产生无限的幻想,带给乘客恬静的舒适感。

图 4-22　曲径折跃方案效果示意图

该方案力求做到简洁、适用、经济、美观的统一,本着因地制宜、经济适用、简洁美观的原则,采用青铜装饰表皮与亚克力板将各条线路的声屏障分隔开,使整体看起来更为轻盈。

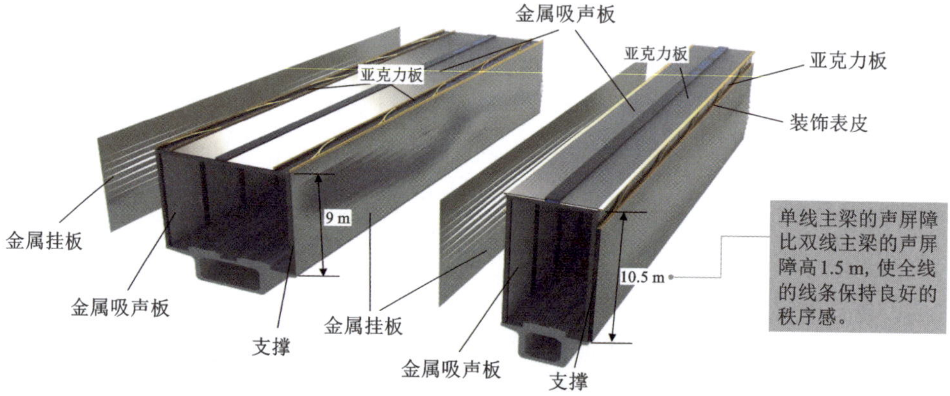
金属吸声板
亚克力板
亚克力板
亚克力板
装饰表皮
9 m
10.5 m
单线主梁的声屏障比双线主梁的声屏障高1.5 m，使全线的线条保持良好的秩序感。
金属挂板
金属吸声板
支撑
金属挂板
金属吸声板
支撑

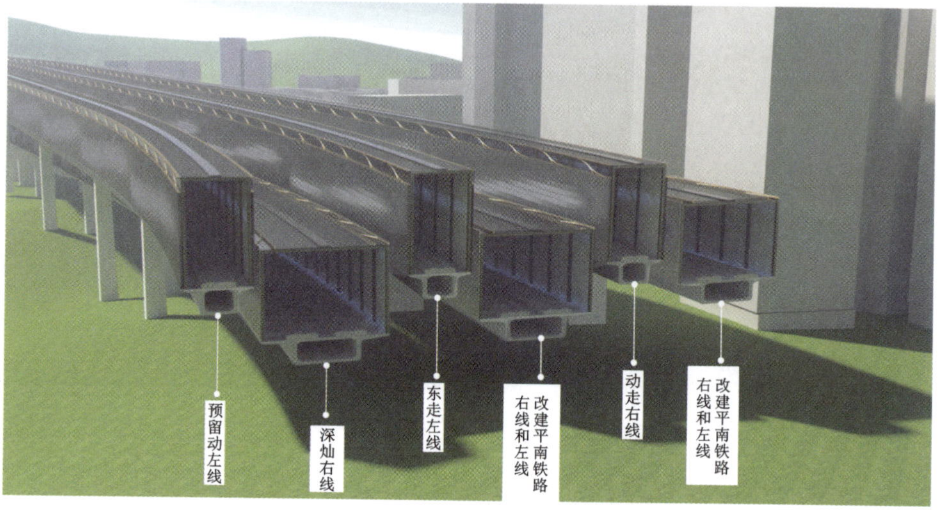
预留动左线
深灿右线
东走左线
改建平南铁路右线和左线
动走右线
改建平南铁路右线和左线

图 4-23 曲径折跃方案结构示意图

4.3.5 铁路声屏障的一体化设计

该项目(图 4-24~图 4-26、表 4-1)对常规箱梁主梁断面进行优化，提出了常规箱梁+防撞墙思路及 U 形梁的思路，并从经济性、景观效果、降噪效果等多方面进行了比选。

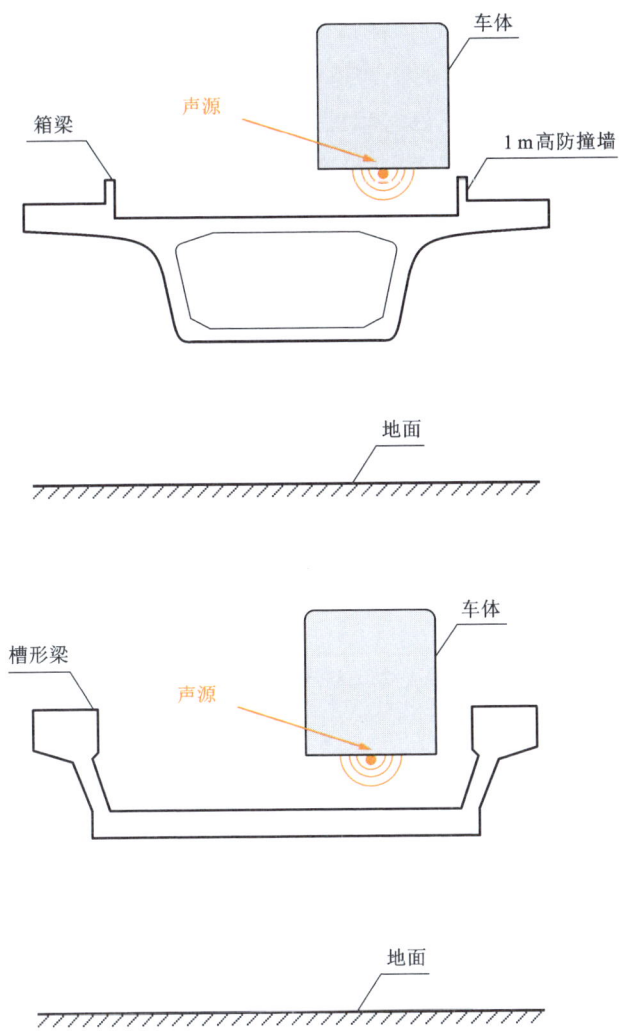

图 4-24　常规箱梁+防撞墙降噪形式（上）和 U 形梁结构形式（下）

表 4-1　主梁断面比选

比选项目	常规箱梁+防撞墙	U 形梁
经济性	材料用料多，经济性差	经济性好
景观性	一般	一般
降噪效果	与防撞墙高度有关，防撞墙为荷载	腹板降噪，充分利用结构材料降噪

根据表 4-1 可知，U 形梁的材料利用率更高，符合节能、环保、低碳的建设思路，且 U 形梁腹板对声音传播路径形成干扰，降噪效果更明显。因此，结合 U 形梁的降噪效果及箱梁的受力特性，该项目提出了 U 形箱梁组合断面形式，U 形腹板起到受力作用，腹板顶面宽 1.2 m，可兼做检修通道，节省 U 形槽内的净宽以降低箱梁的高度，同时起到降噪的作用。对比常规箱梁及 U 形梁，U 形箱梁组合断面具有受力性能好、空间利用率高、兼具城市景观和降噪功能等特点，为城市铁路桥的选择提供了一种新的思路。

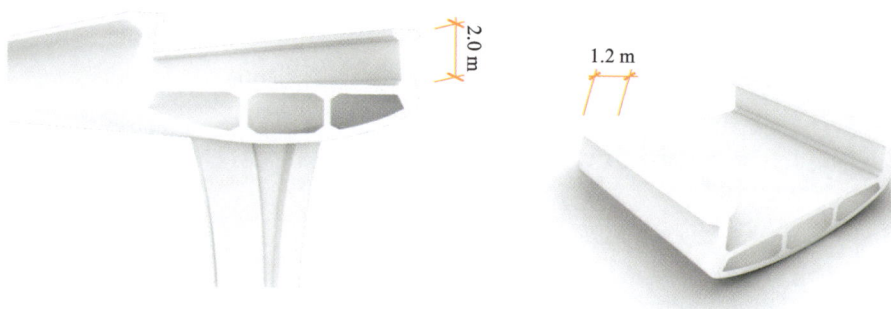

图 4-25 U 形箱梁示意图

图 4-26 U 形箱梁效果示意图

1.浮水之舟方案

　　该方案(图 4-27、图 4-28)主梁外形采用现代元素浓厚的流线型三维曲面,造型如浮水之舟,其形体简约流畅,风格独特。桥梁造型主要源于鱼腹的流线型外形,对其加以模拟并应用到桥梁造型设计上。

图 4-27　浮水之舟方案效果示意图(1)

　　该方案运用不同的外立面造型,通过富有肌理的表皮,将声屏障打造成现代艺术展示的"画廊",从而产生不同的外立面效果。此外,U 形腹板上方加装声屏障有利于增加隔音效果,对有严格噪声要求的区段,可将噪声降至相应的分贝。梁体采用鱼腹梁,梁底与声屏障高度差过渡区域在立面形成了优美流畅的线条,使全封闭式声屏障与直立式声屏障衔接自然。

图 4-28　浮水之舟方案效果示意图(2)

2.伏波踏浪方案

该方案(图4-29)将流水的柔美曲线元素融入梁体,用拱状连续梁桥作为主体结构,并在立面上加以色彩和形状做点缀,与白色桥体相呼应,打造出行云流水、波浪涌动的外形。

图4-29 伏波踏浪方案效果示意图

图4-30中标识距离为距离箱梁顶面的高度,最低处为2.75 m,最高处为3.75 m,即最低处距离轨面高2.05 m,最高处距离轨面3.05 m。台风地区声屏障高度宜在轨面以上2.05 m。该方案采用V形波折声屏障,有效提高了结构刚度和抗风性能,同时声屏障高度得以提高,降噪性能好。

3.绿色屏障方案

该方案(图4-31、图4-32)以简洁图案拼接为主题,采用蓝绿色系方格进行混色搭配,从与天空色彩几乎一样的蓝绿色到鲜青色,深浅不一。较浅的鲜青色给人以柔和的小清新的感觉,犹如温暖的和风伴随列车前行;较深的蓝绿色宛如阳光下碧色的塞纳河畔,在蓝天白云下熠熠生辉。混色拼接而成的一体化声屏障,宛如一片片绿林,为城市带来一抹清新的城市景观。

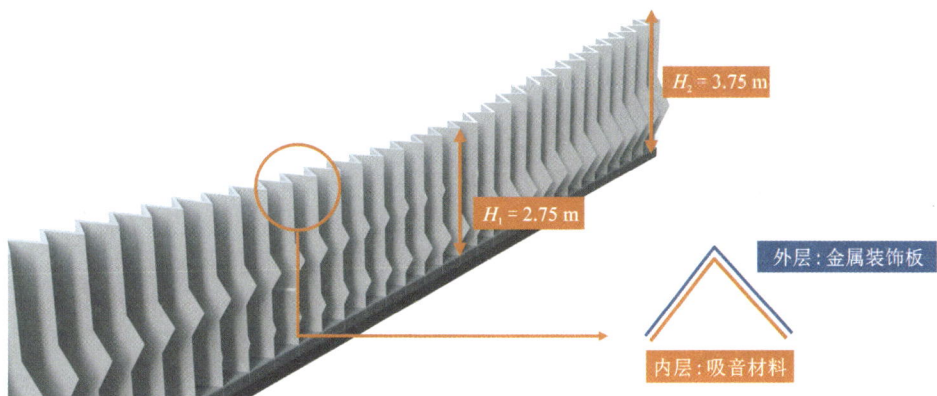

图 4-30　V 形波折声屏障示意图

图 4-31　绿色屏障方案效果示意图

声屏障一体化设计

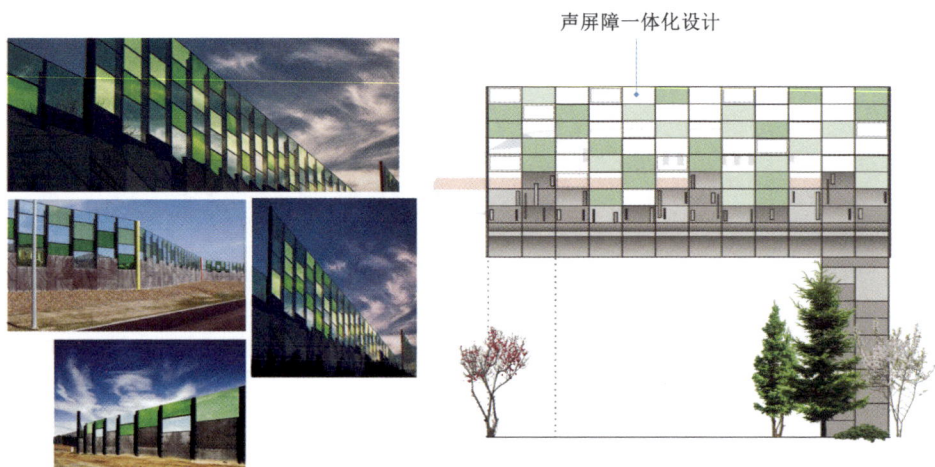

图 4-32　绿色屏障方案效果示意图

4.方案总结

方案总结如表 4-2 所示。

表 4-2　方案总结

图示			
结构体系	U 形箱梁组合结构 连续梁体系	箱梁连续梁体系	常规混凝土箱梁
声屏障形式	U 形翼缘代替声屏障	多层直立式声屏障	单层直立式声屏障
桥梁造价 估算/亿元	6.84	5.98	—
声屏障造价 估算/亿元	1.5	2.5	2.9
工程类比降噪 量级/dB	8~11	8~11	8~11

4.3.6　方案比选与总结

1. 声屏障方案比选

声屏障方案比选如表 4-3 所示。

表 4-3　声屏障方案比选

图示			
方案	直立式声屏障	全封闭式声屏障	声屏障一体化设计
声屏障形式	双侧直立式声屏障+平南线双侧半封闭式声屏障	6 座桥，每座桥安装 1.4 km 长的全封闭式声屏障	桥梁与声屏障的一体化设计
造价	铁路标准声屏障造价估算 2467 万元，兼顾景观效果的声屏障造价预计增加 2.6 亿元	按照深茂铁路声屏障的指标 2 km 合计 1.8 亿元估算，该项目长 1.4 km×9 条，造价估算 5.67 亿元	铁路标准声屏障造价估算 2.6 亿元，兼顾景观效果的声屏障造价预计增加 2.9 亿元
降噪效果	满足 4b 类声环境要求	满足 1 类声环境要求	满足 4b 类声环境要求
优缺点	■投资：省，设计建造难度小 ■景观：较差 ■降噪：效果一般 ■其他：后续存在较大维稳风险	■投资：大，建设协调难度大 ■景观：较差 ■降噪：效果有保证 ■其他：后续运维难度较大	■投资：省，设计建造难度小 ■景观：较差 ■降噪：效果一般 ■其他：后续存在较大维稳风险

深圳承载着建设中国特色社会主义先行示范区的重任。新建铁路位于城市中心区，距离居民住宅楼最近处为 18.8 m。为保证城市品质和形象，本着以"降噪为主、美化为辅"的原则，充分考虑铁路运营安全和后期维护需求，经深入研究，结论如下。

降噪方案：拟采用双侧直立式+平南线双侧半封闭式声屏障方案，声屏障的高度为 4 m(平南线半封闭式声屏障高度为 10 m),降噪效果能使周边环境满足 4b 类声环境要求。

景观提升措施:

①声屏障的外立面造型须在铁路常规做法的基础上,结合景观效果做专项设计。

②桥墩外立面做装饰凹槽处理,墩身及梁体外表面须进行涂装,以提升桥梁的整体景观效果。

③桥下空间景观考虑铁路噪声影响,以绿化、通行为主要功能,保证桥下空间与周边功能区域的整体衔接。

上述降噪及景观提升措施,由地方政府承担的费用为 4.46 亿~4.84 亿元。在铁路常规声屏障做法的基础上增加声屏障景观,增加的建安费如下:方案约 2 亿元,桥梁涂装费用增加约 0.7 亿元(图 4-33~图 4-35)。

图 4-33 桥梁有高差段落效果示意图

图 4-34　桥梁等高段落效果示意图

图 4-35　大沙河段落效果示意图

2.全封闭上盖方案比选

部分段落采用上盖公园封闭，部分段落采用全封闭式声屏障，对所有列车通过时的瞬时噪声值都有较好的控制效果，其中龙辉花园范围内声环境可以达到1类声环境标准，不仅可以解决噪声问题，同时将不利因素转化为有利因素，为城市未来发展带来契机。

全封闭上盖方案比选如表4-4所示。

表4-4　全封闭上盖方案比选

图示			
方案	部分段落上盖公园封闭+部分段落全封闭式声屏障	独立式全封闭式声屏障	直立式+平南线双侧半封闭式声屏障
声屏障形式	部分段落上盖公园，其余段落采用全封闭式声屏障	6座桥，每座桥安装1.4 km长的全封闭式声屏障	最西侧直立式声屏障，最东侧平南线半封闭式声屏障
造价	含上盖结构、景观绿化，非上盖段采用全封闭式声屏障，6.68亿元上盖公园+2.2亿元全封闭式声屏障	按照深茂铁路声屏障的指标2 km合计1.8亿元估算，该项目长1.4 km×9条，造价估算5.67亿元	铁路标准声屏障造价估算2467万元，兼顾景观效果的声屏障造价预计增加2.6亿元
降噪效果	满足1类声环境要求	满足1类声环境要求	满足4b类声环境要求
优缺点	■投资：大，建设协调难度大 ■景观：好 ■降噪：效果有保证 ■其他：新增绿化空间，利于城市更新推进	■投资：大，建设协调难度大 ■景观：较差 ■降噪：效果有保证 ■其他：后续运维难度较大	■投资：省，设计建造难度小 ■景观：较差 ■降噪：效果一般 ■其他：后续存在较大维稳风险

4.4 本章小结

本章首先对声屏障的定义、作用机理和结构类型等进行了基本阐述，并对传统声屏障景观的不足之处做了相应分析，指出传统声屏障存在着造型单调、色彩单一、空间割裂和审美疲劳等视觉问题。然后对声屏障景观的设计理念进行了详细探讨，提出声屏障景观设计时需要从色彩、材料、造型、环境等方面着手，遵循实用、生态可持续、以人为本、地域特色和适中有度五个原则来进行设计。最后结合实际设计案例展示了声屏障景观设计的重要性，并为后续声屏障景观设计提供参考。

本章意在强调声屏障景观设计与声学设计、结构设计相统一的重要地位，同时也强调声屏障的景观设计除了声屏障自身景观外，也应囊括沿线的自然人文元素，将声屏障庞大的体量与城市设计相融合，在满足声学降噪功能的前提下，突出其与生态环境相和谐的设计理念，强调绿色架构与可持续发展，注重通过景观设计赋予声屏障更深刻的文化内涵。

参考文献

［1］张彬，宋雷鸣，张新华.城市道路声屏障研究与设计［J］.噪声与振动控制，2004
（4）：32-34，48.

［2］卢向明.道路声屏障声学特性与声学设计研究［D］.杭州：浙江大学，2004.

［3］冯柳阳.铁路高架桥声屏障降噪效果特性研究［D］.成都：西南交通大学，2016.

［4］孙鹏.城市桥梁声屏障噪声实测分析及降噪措施研究［J］.福建建筑，2022（7）：
78-81.

［5］张良涛.市域铁路声屏障设置研究［J］.中国铁路，2018（8）：107-112.

［6］李小珍，赵秋晨，张迅，等.高速铁路半封闭式声屏障降噪效果测试与分析［J］.西南
交通大学学报，2018，53（4）：661-669，755.

［7］李小珍，杨得旺，高慰，等.高速铁路半、全封闭声屏障振动与降噪效果研究［J］.噪
声与振动控制，2018，38（Z1）：8-13.

［8］相增辉，王双闪，兰桂柳，等.声屏障的发展历程及其发展趋势［J］.声学技术，
　　 2016，35(1)：58-62.

［9］尚晓东，袁旻忞，魏显威.公路声屏障设计标准化研究［J］.中国环保产业，2022
　　 (6)：34-39.

［10］蒙小英，李春蕾，杨子莹.生态语境下交通廊道对城市空间割裂程度研究模型的建
　　　 构［J］.上海城市规划，2019(1)：27-32.

［11］马巧英，高奖，王峰.高铁时代下普速铁路利用模式研究——以永康金温铁路为例
　　　 ［C］//面向高质量发展的空间治理——2020中国城市规划年会论文集(06城市交
　　　 通规划)．2021：875-882.

［12］黄述芳.公路声屏障选型及综合评价的研究［D］.西安：长安大学，2002.

［13］余青青.城际铁路沿线隔音屏障景观优化设计研究——以武咸城际铁路为例
　　　 ［D］.武汉：湖北美术学院，2018.

［14］辛思远，张世峰，王晓伟.京雄城际铁路全封闭声屏障降噪效果研究［J］.铁道标准
　　　 设计，2022，66(6)：1-6.

［15］邹俊辉，邵华平.铁路桥梁全封闭声屏障降噪特性及对生态区作用的分析［J］.中国
　　　 铁路，2019(5)：82-87.

第 5 章

轨道交通高架桥下空间的设计与利用方法

如火如荼的高架轨道建设使得越来越多的城市土地被新增高架轨道覆盖，形成了大量的桥下空间。然而目前桥下空间利用主要集中在简单的市政绿化和停车，未与周边环境进行良性互动，独立于城市公共空间之外，形成孤岛，造成了大量的空间浪费[1]。

轨道交通高架桥下空间利用具有巨大潜力，若对这部分空间进行合理利用和综合整治，完全可以将其用作绿化、步行、休闲或停车等。否则，有很大概率会沦为废弃空间、垃圾空间，影响城市的美观性[2]。本章阐述了轨道交通高架桥下空间的设计与利用思路，并以深圳市西丽—塘朗山段铁路扩建项目为例，提出桥下空间利用的具体措施。

5.1 轨道交通高架桥下空间利用形式

由于高架轨道蔓延的距离较远，其穿越的不仅有成熟的城市空间，也有半城市化地区、郊区村落、工厂、农田、水系等类型的空间，因此桥下空间如何利用应视其所处的位置而定，并不是所有空间都可以填充丰富的功能。针对不同的桥下空间情况，需要填充合适的功能。

目前，轨道交通高架桥下空间主要利用类型有交通、商贸销售、休闲游憩、体育运动、泊车、市政设施、绿化等（表5-1）[3]。

表5-1 轨道交通高架桥下空间七种利用类型[3]

利用类型	使用程度	使用要求
交通	最多	对高度有一定要求，适用范围广
绿化	较多	多出现在城郊地区，无要求
泊车	较少	对高度有一定要求，适用范围广
休闲游憩	较少，代表城市：成都市、杭州市等	空间尺度较大，为市民或游客提供游憩场所，打造城市形象
市政设施	较少	设置便民设施及市政设施
商贸销售	极少，代表城市：北京市	桥下空间高、宽尺度适宜，可建设商铺
体育运动	极少，代表城市：杭州市、天津市	设置篮球场、羽毛球场等场地，为周边居民提供体育活动场所

总体来说，我国针对轨道交通高架桥下空间很少设立专门的部门或机构进行管理，且缺乏明确的产权主体划分，桥下空间的日常维修管理较为混乱，加之泊车、休闲游憩、商贸销售、体育运动等利用类型均涉及产权利益相关问题，具体实践起来较为困难。相对来说，交通、绿化涉及的产权利益较为单纯，具体实践难度较低，适用性较强。

在《城市形态设计准则——规划师、城市设计师、市政专家和开发者指南》一书中，城市空间被划分为如表5-2所示的分区[4]。

表5-2 城市空间分区描述[4]

分区类型	分区描述
自然分区	由接近或者归属荒野的地带组成，包括由于地形、水文或植被条件而不适合居住的土地
乡村分区	由位于开敞或耕种状态或稀疏地居住的地带组成。这些土地包括林地、农业用地、草地及可灌溉的荒地
市郊分区	自然种植的退让相对较深。街区也许较大，并且道路为适应自然条件而不规则布置

续表5-2

分区类型	分区描述
一般城市分区	由混合用途但主要是居住城市肌理的地带组成。它拥有较广泛的建筑类型，如独栋、侧庭院和联排式住宅。退让和景观美化各不相同，有代表性的街道规定了中等尺度的街区
城市中心分区	由较高密度、混合用途的建筑类型地带组成。它们适用于零售、办公、联排式住宅和公寓，具有紧凑的街道网络，包括人行道、固定的行道树栽植和沿街立面的建筑布置
城市核心分区	由最高密度、拥有最多样化用途和地区重要性市民建筑的地带组成。它可能拥有较大的街区，街道有固定的行道树栽植，并且建筑靠近沿街立面布置

自然分区和乡村分区属于非城市化地区，处于自然风貌中，附近居民较少，以绿化处理为主，种植耐阴植物，并根据实际需求适当设计绿道，局部可做临时仓储，同时可配建停车场、垃圾站、雨水花园等。

市郊分区属于半城市化地区，用地混杂，有工厂、居民区等，需要结合实际需求，以绿化为主进行简单绿道处理，配套停车场、临时仓储转运等功能，为工厂员工提供简单休闲服务。

一般城市分区、城市中心分区和城市核心分区属于城市化地区，人口较多，需要丰富桥下空间功能，打造城市公园服务周边居民，建设休闲广场、健身设施、儿童活动场地等，并按居民人口以一定比例配建停车场[5]。

5.2　轨道交通高架桥下空间利用原则

轨道交通高架桥下空间作为城市环境要素的一部分，应与城市活动的功能、景观融为一体，共同营造良好、充满活力的城市空间。为了更好地利用桥下空间，应遵循安全性、整体性、因地制宜、人性化、文化性和生态性六大原则[5,6]。

5.2.1 安全性原则

1.桥体结构安全

对于有车辆通行的桥下空间，需要在桥墩处设置防撞设施进行保护，同时涂上反光漆等警示标识提醒司机注意。对用于社会停车场、公交停车场等较大规模的市政设施和涉及在桥下空间范围开挖基坑等可能影响桥体结构安全的项目，应审核其安全评估报告。

2.行人安全

为保障行人安全，需要提供直接、便利的过街路线，同时桥下空间进出口需要设置醒目标识，最大程度地消除行人安全隐患。

3.车辆安全

为了保障桥下空间车辆的行车安全性，需要满足车辆驾驶人员的视线通透性、安全视距的要求，通过交通信号灯、交通标志等措施进行人流、车流的引导，尽量地减少对行车的干扰。

5.2.2 整体性原则

从当前对轨道交通高架桥下空间的处理方式来看，大多数桥下空间未经过严密的功能组织与整合，而采用"强行绿化"[7]的方式，粗放地对此类空间进行功能填充，造成了需求与规划设计的错位。这种消极被动的处理方式，某种程度上造成了新的城乡环境问题。因此，要从宏观层面整体把控轨道交通高架桥下空间建设，在规划建设的初期就将桥下空间设计纳入考虑范围，而不是后期进行优化调整。整体性原则要求交通、规划、园林、建设、城管等多部门统一思想，综合意见，划定职责，出台相应的规划建设办法和管理机制，统一部署，将轨道交通高架桥下空间的利用和城乡环境建设统筹起来，进而改善桥下空间的现状。

5.2.3 因地制宜原则

轨道交通高架桥下空间进行利用和发展没有统一的模板，应当充分考虑所在区域的地缘环境和实际条件,因地制宜地选择桥下空间承担的职能,更好地发挥其功能特性。因地制宜原则要求在规划设计之初,对区域环境进行深入分析,从功能需求、生态需求、形象需求等多个方面进行考虑,为该区域的轨道交通高架桥下空间赋能。只有合适的功能选择才能发挥出桥下空间的潜力,才能保证空间利用的正循环趋势,否则很容易适得其反、南辕北辙,导致功能错配,使桥下空间的利用更加消极,造成空间资源与投资的双重浪费,还为城乡环境治理带来新的问题,造成新的负担。

5.2.4　人性化原则

由于现代社会功能至上的设计理念,交通基础设施对人性化的考虑一直十分缺乏,高架轨道设计明显地体现出以车为本的理念,忽视了人作为空间使用者之一的身心感受,其桥下空间的不合理使用给沿线居民带来了强烈的不适感。随着时代的发展,以人为本的设计理念逐步得到推广,理想的生活环境更加强调人的心理和生理健康,要求城乡环境的建设和塑造要向体现人性化的方向逐步转变,基础设施建设在考虑其单一功能的基础上,也要考虑为公众提供公共活动所需的舒适便捷安全的环境。因此,轨道交通高架桥下空间的利用应当注重人性化的考量,从使用者的角度出发,评估其安全性、可达性和舒适性,体现无微不至的人文关怀,进而改善公共空间品质,为桥下空间注入活力。

5.2.5　文化性原则

文化是区域历史长期沉淀的结果,是极具价值的景观资源之一,同时也是无形资产,是社会生活的精神财富。轨道交通高架桥下空间对文化的长期忽视,导致了历史文化和场地记忆不能得以延续,传统的生活交往方式、民俗习惯等也遭到了一定程度的破坏,加剧了人们心理上的疏离感。因此,在对轨道交通高架桥下空间进行景观利用时,应当充分考虑当地的社会文化、民俗,展现良好的地域特性和人文特质,与所处区域的整体人文风貌协调和融合,延续地域文化特色,体现人文价值取向。

5.2.6　生态性原则

随着经济、社会的不断进步,可持续发展问题已经成为社会的共识,因此,轨道交通高架桥下空间的生态性也是不可回避的重要问题。在对轨道交通高架桥下空间进行规划设计时，应当倡导可持续发展的思想，坚持生态性原则，用生态设计的方法和思路去营造空间环境。高架轨道沿线生态环境属于城市生态系统的重要组成部分，其自身的生态属性会对周边生态环境造成较大的影响。单一的轨道交通高架桥下空间生态化营造是远远不够的，其生态功能是脆弱低效的。要根据高架轨道所处的特定环境，确定适宜的生态定位和生态功能，加强其与周边生态体系的连通性，构建整体的生态体系，发挥协同作用。

5.3 轨道交通高架桥下空间利用方法

无论是在人口密度大、用地紧张的城市，还是在人口密度较小的城市，目前对于轨道交通高架桥下空间利用，在不同的城市、不同的发展阶段，都有相应的方法。桥下空间利用方法总体来说可以分为三类，分别为隔离法、拆除法、改造利用法[1]。

5.3.1 隔离法

隔离法是指使用栏杆等将桥下空间进行封闭，使其不影响附近居民。该法常常用于整治难度较大且没有较大利用价值的桥下空间。

5.3.2 拆除法

拆除法是指将现有的高架轨道拆除，将道路引入地下。韩国清溪川通过拆除高架、重挖河道、美化设计、灌水引流、动植物引入、文化复原等工作后，清溪川现已成为首尔市中心一个最佳休憩地点。广州的中国第一条高架——人民路高架就因为污染及破坏城市景观等而被拆除，取而代之的是埋入地下的隧道。拆除法的成本高、工程量大。我国高架轨道往往体量巨大，若全部将其拆除则工程量浩大，短期内难以实现，并且可能会影响人们的生活秩序，因此拆除法难以大规模推广。

5.3.3 改造利用法

改造利用法是通过将具体功能植入桥下空间来进行改造利用。例如：台湾宜兰市东边轨道交通高架桥下空间植入交通与活动混用功能，为沿线居民提供

活动空间；美国纽约东河公园轨道交通高架桥下空间植入社交功能，为周边人群提供社交场所；德国柏林的 S-Bahn（Stadtbahn Viadukt Berlin）轨道交通高架桥下空间植入商业功能发展城市经济。

对于轨道交通高架桥下空间的改造来说，简单的隔离法当前已经不宜采用，而拆除法虽然代表了未来趋势，但毕竟成本过大，暂时很难大规模应用。当前我们更需要的是采取改造利用法，巧妙地将交通、观光、运动、社交、商业等功能引入桥下空间，多效并举引导城市人群活动，让桥下空间成为城市中一个遮风挡雨的大公园。

5.4　轨道交通高架桥下空间利用策略

在进行轨道交通高架桥下空间方案的设计时，为了更好地利用桥下剩余空间，需要按照一定的策略来进行设计。首先需要整体优化桥下空间环境，增加景观景点，聚集人气；其次完善桥下空间功能，提升场地景观价值，更好地服务居民及游客；最后融入人文文化，重塑城市文化记忆。

5.4.1　优化桥下空间环境

1. 优化声环境[1]

桥下空间是高架轨道的附属空间，同时又毗邻交通空间，列车经过高架轨道时产生的噪声为桥下空间的声环境带来了不利影响。对此主要有两种处理方式：

一是"隔"，就是通过降噪措施来降低桥下空间的噪声，从而减少噪声对桥下空间声环境的影响。例如巴塞罗那铁轨花园通过设置全封闭上盖公园方案，在隔绝噪声的同时，也让穿越城区的高架轨道成为一道独特的风景线。

二是"用"，就是利用这种独特的声音，丰富空间听觉体验。如柏林 S-Bahn 高架轨道下方的 Bücherbogen 书店，在书店中会不时听到高架轨道传来的隆隆声，顾客对这种声音不但不反感，反而认为这是这个地段不可或缺的特质之一，提供了一种特殊的城市体验。

2.改善光环境[5]

轨道交通高架桥下空间光环境的改善，分为主动和被动两个层面。主动层面是指在高架轨道设计之初，就考虑到其桥下阴影区的存在和影响，因此通过自身结构、形态、走向的调整来主动增加桥下阴影空间的采光量。被动层面则是指通过被动手段，对桥下阴影空间进行人工照明，改善其光环境。

对于主动层面的改善光环境来说，可以改善高架轨道下植物生长的光环境，创造适宜的公共空间，并且一定程度上也改善了雨水和通风，为轨道交通高架桥下空间景观利用提供了更有利的条件。

对于被动层面的改善光环境来说，良好的灯光工程可以展现出较强的韵律感与场所感，既是功能的需求，也改善了空间环境品质，营造了宜人的公共空间，激发了场地活力。同时，还可以在光照不足的情况下为桥下的绿地植被补光，为桥下植物的生长提供必要的条件。

3.加强桥下管理[1]

加强桥下空间的管理力度，明确管理部门和职责范围，优化管理模式，保证桥下空间整洁、统一、有序。在高架轨道站点周边桥下空间，安装视频监控设备、自然灾害预警系统及电子信息屏等空间监控设施，保障桥下空间内人群的生命财产安全。

5.4.2　完善桥下空间功能

1.公共活动功能[8]

轨道交通高架桥下空间作为城市空间的有机组成部分，可以作为人们的公共活动场所，比如说活动广场、运动场、休闲公园等。当今社会生活节奏较快，人们过着两点一线的生活，人与人之间缺乏交流。桥下空间作为公共场所为人们相互交流创造了机会，有利于满足人们交往的需求，在一定程度上弥补了城市公共用地、公共活动场所不足的缺陷。此外，桥下空间改造成公共空间相较于其他利用方式，可操作性较高，成本较低，施工也更方便。

2. 服务及管理功能[5]

除了作为公共活动场所外，桥下空间也常用于市政服务及管理。最常见的是将轨道交通高架桥下空间作为停车场使用，这在一定程度上缓解了目前公共停车场、停车位不足的社会问题。同时，以汽车服务功能为延伸，车辆维修、清洗均可设置在桥下空间中。除了汽车服务功能，沿线城镇、乡村可以将垃圾站、公共卫生间、非机动车存车场等公共服务及管理功能设置在桥下空间中。

3. 商贸活动功能[8]

部分轨道交通高架桥下空间的面积有限，不适合大规模的功能空间。而商业空间往往规模较小，对空间的利用更加灵活，利用率也更高。比如零售商店、便利店、餐厅、书店、咖啡厅等，种类丰富，适合个人投资。同时，这种功能对于室内外皆可适用，不理想的声、光环境对商业设施影响较小，所以商业功能也成为桥下空间利用中选择较多的方式之一。

例如，日本的 2k450，位于东京 JR 线御徒町站和秋叶原站之间的高架轨道下，里面聚集着众多的传统工艺品商店；日本首家高架轨道下的 Under Railway Hotel 用一种另类的方式，诠释着"宅"文化，用事实告诉你，"灰空间"也可以这样美。

4. 生态功能[5]

高架轨道往往会对沿线的生态环境造成较大的影响，因此需要发挥桥下空间的生态功能，尽量降低高架轨道产生的影响。可以利用海绵城市技术、雨洪技术等维持其良好的生态承载力。同时，应当注重与轨道沿线周边的自然风貌相互融合，避免高架轨道交通尾气、污水、固体垃圾等对沿线自然环境的破坏。

5.4.3　融入人文文化

目前高架轨道大部分都是现代主义、功能主义的产物，忽略了地域性、特征性及场地历史的人文积淀，在对桥下空间进行改造和利用过程中需要弥补这一缺陷。因此在对轨道交通高架桥下空间进行设计的过程中，应主动将文化传承纳入设计规划，在景观营造的风格、方式等方面与所处的环境相协调，以延续城市地域文化特色、体现城市特色的人文价值取向为目标[5]。

人文文化的打造不是靠简单的符号堆积，而是需要导入符合周边地域文化的功能活动，例如经营茶铺、体验民俗活动、建立文玩市场等，才能使得桥下空间真正成为一个充满活力、包含人文气质的公共活动空间。例如成都人民南路立交桥下的老成都民俗公园，通过展示浮雕、彩绘、雕塑等，成为成都市具有历史文化和民俗风情特质的休闲场所。

5.5 西丽—塘朗山段铁路扩建项目桥下空间利用案例分析

5.5.1 项目存在的问题

西丽—塘朗山段铁路扩建项目在改建后主要存在以下三个问题：

问题一：桥下空间噪声污染严重。西丽—塘朗山段铁路扩建项目拟在原平南线基础上新建 9 条铁路线并线至西丽铁路站，相较于原来的 1 条线路，铁路运行产生的噪声污染更加严重。对桥下人群来说，强烈的噪声污染会引起不适感，久而久之，人们便会逐渐远离桥下空间，使桥下空间成为城市中的"孤岛"，如图 5-1 所示。

问题二：高架轨道将两侧地块割裂，人群活动受限。高架轨道的存在破坏了两侧地块的连续性，若桥下空间未能得到很好的利用，两侧的人群在进行体育锻炼或日常活动时，就会避开轨道交通高架桥下空间所在位置，如图 5-2 所示。由此可见，高架轨道将两侧地块割裂，影响了城市整体的功能性和美观性。

问题三：城市边界空间得不到有效利用。周边住宅区、商业区空间的过度扩张，使得城市中公共活动空间日趋减少。改建后的高架轨道有 9 条，约 55 m 宽，宽度较大，加上上层隔音装置等设计，使得下层空间密闭、黑暗，且无活动设施，极少有人来此活动，如图 5-3 所示。若将被高架轨道遮挡的桥下空间进行改造，则城市可利用公共空间的总体水平将有一定程度的提升。

图 5-1　桥下空间噪声污染问题

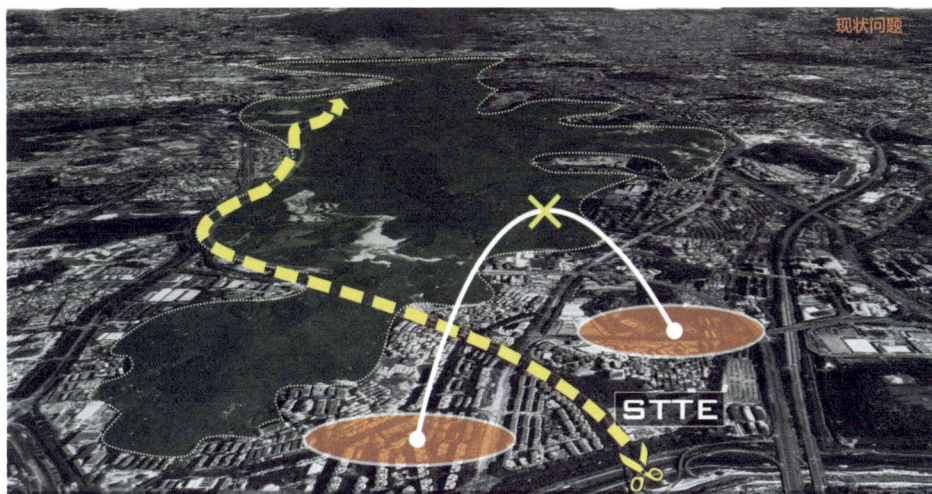

图 5-2　高架轨道将两侧地块割裂的问题

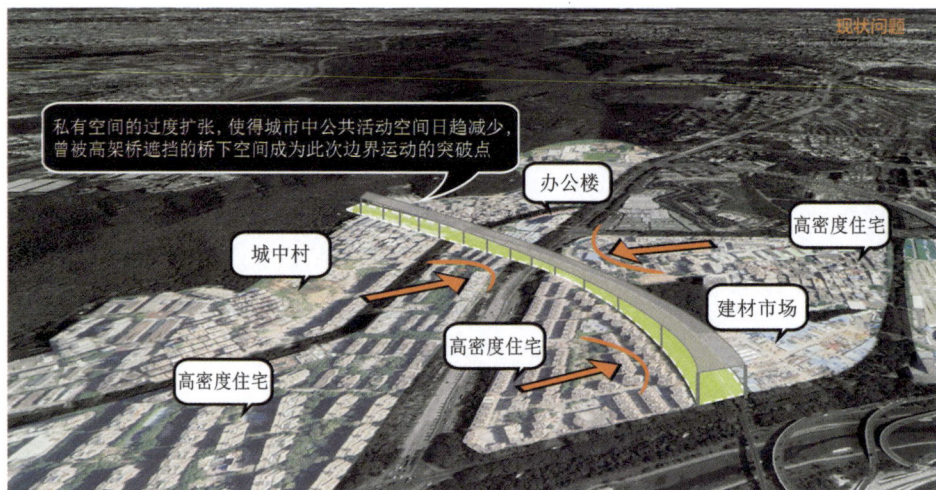

图 5-3　城市边界空间利用问题

5.5.2　桥下空间利用整体方案设计

西丽—塘朗山段铁路扩建项目北靠塘朗山，西接大沙河，穿过自然分区及城市中心分区，是连接两大城市绿廊的重要通道，如图 4-2 所示。其中：塘朗山郊野公园是以自然山水为骨架，以山水林泉和动植物形成的自然景观和自然生态为特色，供深圳市民休闲、健身、观景的好去处；大沙河全长 13.7 km，发源于羊台山，宛如一条碧绿的绸带，蜿蜒而行，贯穿南北，汇入美丽的深圳湾，是深圳市民休闲娱乐的人气场所。

为了更好地利用当地特色来建设桥下空间，结合大沙河及塘朗山景观，可将桥下空间分别建设为活力水岸段、乐活健康段、运动休闲段、森林游径段四大分区，如图 5-4 所示。

1. 活力水岸段

活力水岸段结合大沙河滨水景观，打造活力休闲的桥下活动空间。该区设计两个主要出入口，同时设置休闲座椅、阶梯小舞台、地面彩绘、入口小水石、阻隔绿篱等，如图 5-5、图 5-6 所示。

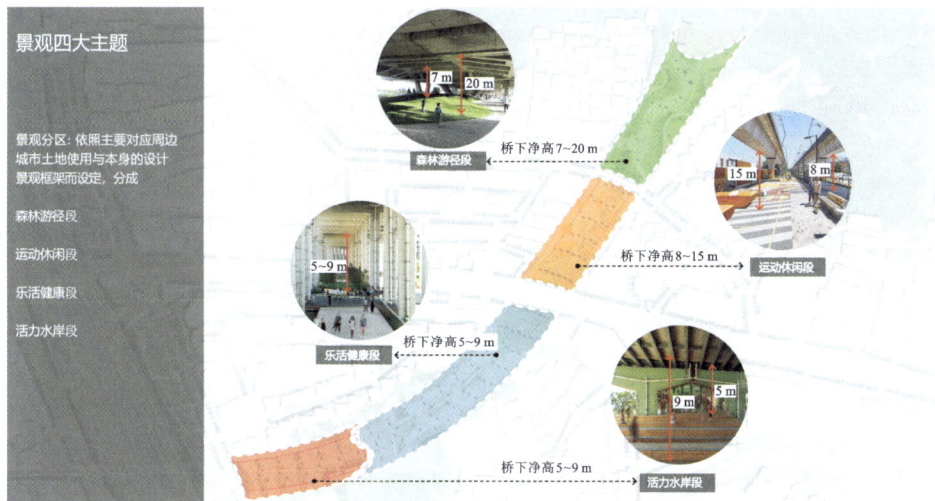

图 5-4　桥下景观分区示意图

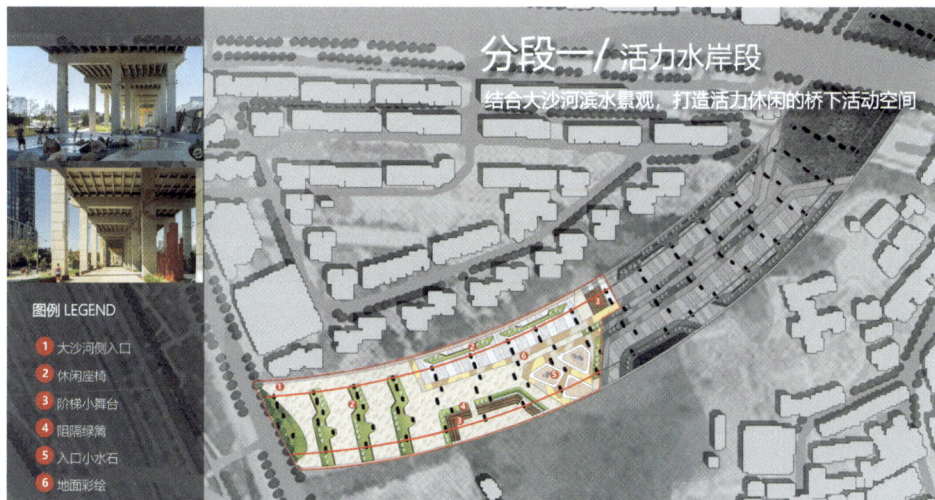

图 5-5　活力水岸段平面图

图 5-6　活力水岸段效果图

2. 乐活健康段

乐活健康段考虑到桥下空间的半封闭性，利用彩绘图案让空间更活泼，在桥下空间设置观赏座椅、滑板小道等，并多层次绿化桥下空间，丰富空间的层次与功能，同时布置文化展陈设施，展示城市文化与历史，寻回城市记忆，如图 5-7、图 5-8 所示。

图 5-7　乐活健康段平面图

3. 运动休闲段

运动休闲段通过设置多种彩绘运动场，满足周边居民锻炼休闲的需求。运动场设计包括彩绘地面、锻炼器械区域、篮球场及儿童游戏的沙地，同时配合设置等候座椅，如图 5-9~图 5-11 所示。

4. 森林游径段

森林游径段以绿化植被为主，通过设计层次分明的草坡、具有地标性质的拱形构架、拱形构架下的弧形座椅、木制棋盘区、特色游径入口标识（如图 5-12、图 5-13）等来营造静谧、休憩的氛围。

图 5-8　乐活健康段效果图

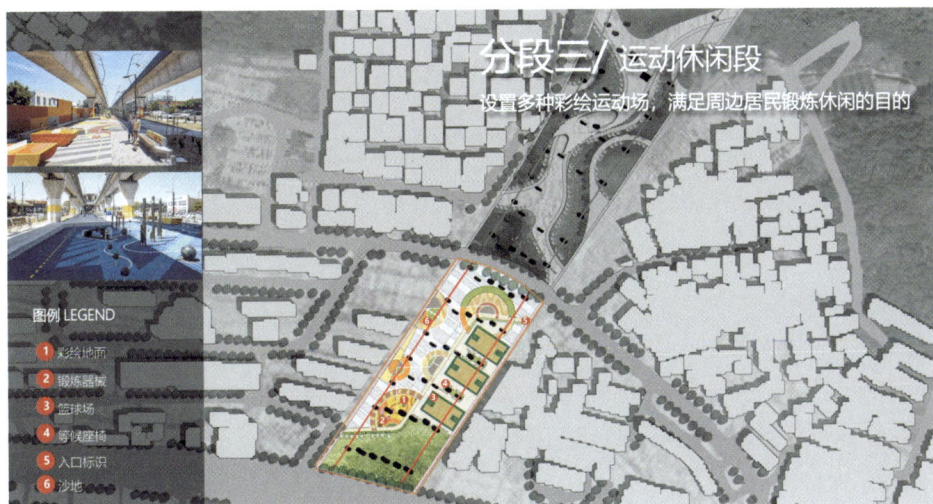

图 5-9　运动休闲段平面图

图 5-10　锻炼器械区域示意图

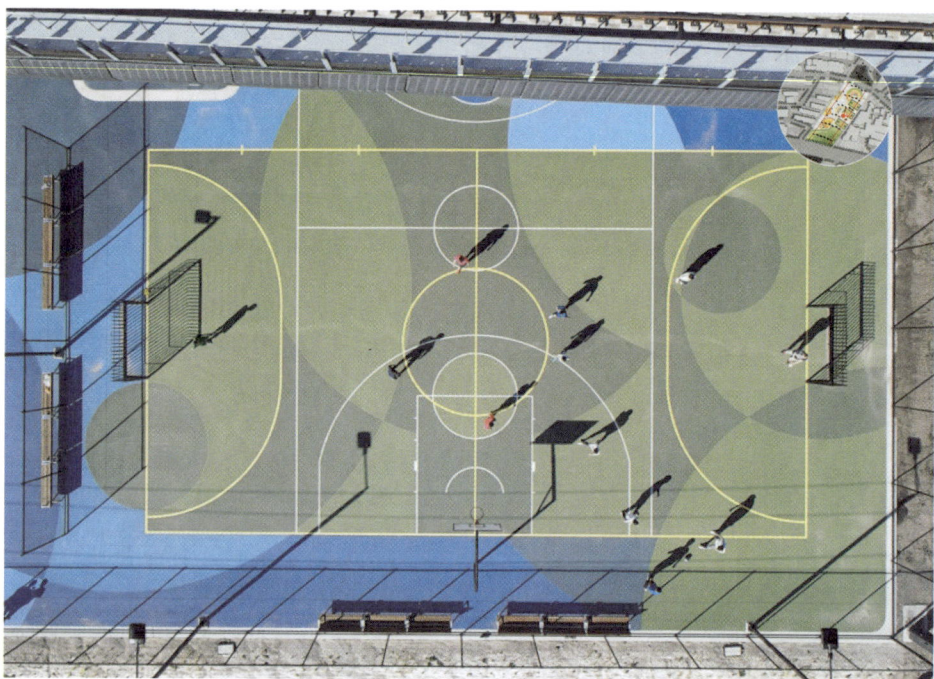

图 5-11 彩绘球场示意图

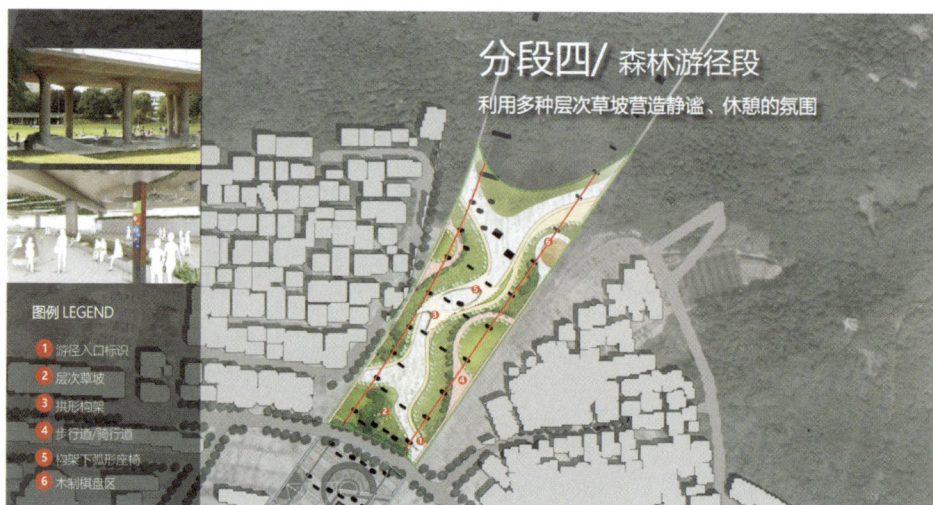

图 5-12 森林游径段平面图

图 5-13　森林游径段效果图

5.5.3　桥下空间附属设施设计

1.绿化设计

桥下空间绿化设计时要以打造反映深圳自然条件和地域景观特征的植物群落为主要原则，兼顾植物生长序列的空间合理性、后期养护的经济性、季节变化的观赏性等。

①地域性原则。以乡土树种为主，充分展现深圳的地域性自然景观。

②可持续原则。确保植物品种的丰富性和植物群落的多样性，塑造可持续景观。

③时间性原则。通过春华夏叶、秋实冬枝的配置，营造四季有景的效果。

④特色化原则。凸显整体景观风格的同时强调不同景观区域独有的特色风貌。

⑤经济性原则。强调植物群落的自然适宜性，以及养护管理的经济性和简便性。

桥下空间照度较弱，故植物选择耐阴低养护的观叶品种，确保在桥下能够生长，如图5-14所示。其中：耐阴乔木选取琴叶榕、芭蕉与圆柏等；耐阴灌木选取八角金盘、散尾葵与矮棕竹等；耐阴草本选取肾蕨、一叶兰、花叶冷水花与玉簪等。

四个分区因为使用功能不同、定位不同，故采用不同的植物设计方案，各分区植物设计方案如下。

（1）森林游径段

森林游径段主要以行人步行道为主，故在植物布置方面，考虑以草坡搭配灌木的方式营造大多数空间，于桥柱处及桥两侧阳光较充足的地方种植少量小乔，同时在高架两侧的绿地上种植冠幅舒展的乔木，柔化桥体硬质结构，如图5-15所示。其中：乔木选择羊蹄甲、香樟、银杏、雪松等；灌木选择八角金盘、南天竹、海桐与蒲葵等；草本花卉选择肾蕨、珍珠海、狼尾草、假龙头等。

（2）乐活健康段

乐活健康段以活泼的氛围来打造植物景观，为呼应场地鲜艳的铺装色彩和运动主题，选用色彩鲜艳的开花植物来提升整体的欢乐氛围，如图5-16所示。其中：乔木选择洋槐、无花果、凤凰花、鸡蛋花等；灌木选择八角金盘、花叶良姜、杜鹃与蜀葵等；草本花卉选择大吴风草、芦苇、二月兰、狼尾草与假龙头等。

图 5-14　桥下空间绿化意向图

图 5-15 森林游径段植物种植意向图

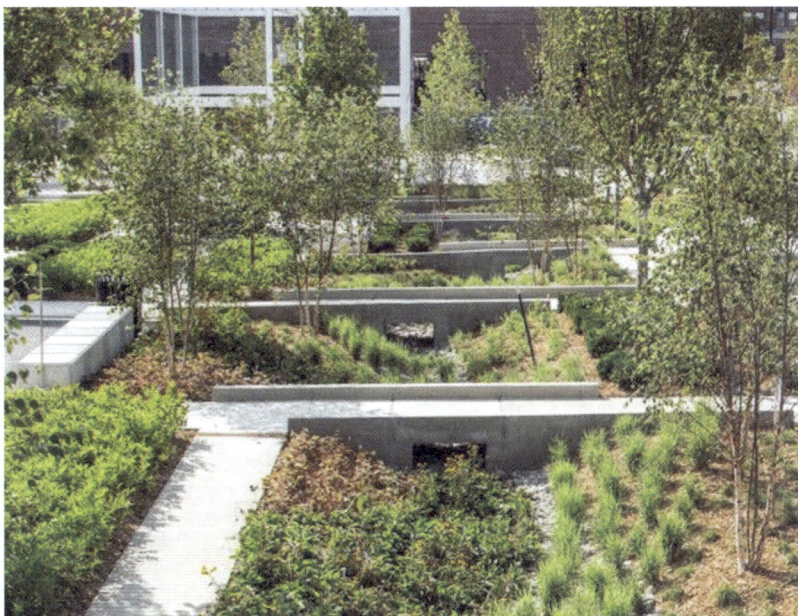

图 5-16 乐活健康段植物种植意向图

（3）运动休闲段

运动休闲段植物选择简洁明快的风格，以观叶植物为主配以芳香类植物，给运动休闲的人们带来清爽放松的景观体验，如图 5-17 所示。其中：乔木选择香樟、鸡蛋花、南洋楹、羊蹄甲等；灌木选择八角金盘、海桐球、栀子花与箬竹等；草本花卉选择肾蕨、珍珠海、冷水花与一叶兰等。

图 5-17 运动休闲段植物种植意向图

（4）活力水岸段

活力水岸段植物较多选用滨水植物，以营造水岸的景观氛围；同时考虑到桥下空间较为阴暗，选择较多耐阴观叶植物，以确保桥下的景观效果，如图 5-18 所示。其中：乔木选择香樟、鸡蛋花、南洋楹、羊蹄甲等；灌木选择八角金盘、海桐球与蒲葵等耐阴植物；滨水草本花卉选择美人蕉、再力花、花叶冷水花与矮蒲苇等；非滨水草本花卉选择大吴风草、芦苇、二月兰、狼尾草与假龙头等。

图 5-18　活力水岸段植物种植意向图

2.海绵城市设计

西丽—塘朗山段铁路扩建项目在进行海绵城市配置时,遵循以下原则:

生态优先的原则。优先利用自然排水系统与低影响开发设施,提高水生态系统的自然修复能力。因地制宜的原则。尊重当地自然地理条件、水文地质及特定的降雨规律等,选用适合的海绵技术组合。

进行桥下空间海绵城市设计时,在现有城市管道的基础上,最大化利用下沉式绿地、生态旱溪等生态设施缓解城市雨水排放压力。沿主要道路设置排水草沟,汇流雨水至下沉式绿地,形成雨水的自然渗透。遵循海绵城市设计理念,实现渗、置、蓄、净、用、排,超标径流通过溢流井错峰排入周边市政雨水管网。下面将仔细介绍各部分设计。海绵城市设计平面图如图 5-19 所示。

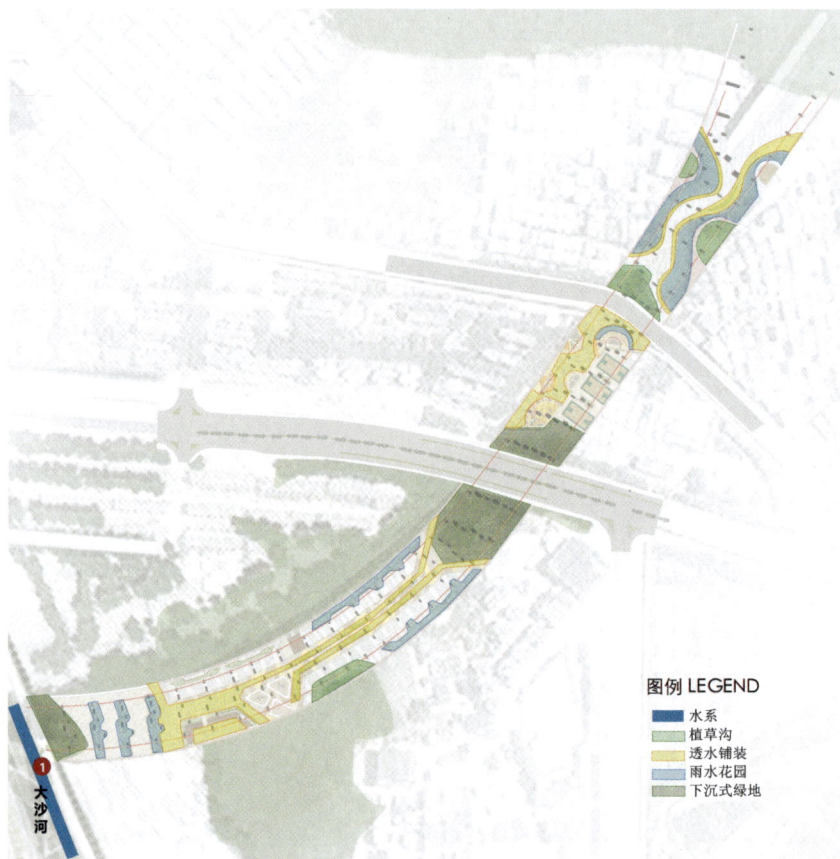

图 5-19　海绵城市设计平面图

（1）下沉式绿地

下沉式绿地是一种分散式、小型化的绿色基础设施。设置绿地高程低于周围硬化地面高程 5~25 cm，可汇集周围硬化地表产生的降雨径流，利用植被、土壤、微生物的作用，截留和净化小流量雨水径流。超过下沉式绿地蓄渗容量的雨水经雨水口排入雨水管网。

下沉式绿地不仅可以起到削减径流量、减轻城市洪涝灾害的作用，而且下渗的雨水可以起到增加土壤水分含量以减少绿地浇灌用水量，以及补充地下水资源量的作用。同时，径流携带的氮、磷等污染物可以转变为植被需要的营养物质，促进植物的生长。

下沉式绿地的下沉深度应根据植物耐淹性能和土壤渗透性能确定。该项目定为 150 mm 左右。同时设置溢流口（如雨水口），保证暴雨时径流溢流排放，溢流口顶部标高设计高于绿地 50~100 mm。下沉式绿地滞水层深 200 mm，砂土渗水层深 300 mm（渗透率不小于 10^{-4}），同时种植根系发达、耐砂质土壤、耐旱且耐短时水淹（24~48 小时）的草本植物。

（2）雨水花园

雨水花园是自然形成的或人工挖掘的浅凹绿地，被用于汇聚并吸收来自屋顶、地面的雨水，通过植物、沙土的综合作用使雨水得到净化，并使之逐渐渗入土壤，涵养地下水，或使之补给景观用水、厕所用水等城市用水，是一种生态可持续的雨洪控制与雨水利用设施。

雨水花园的蓄水层在降雨时会暂时滞留雨水，但设计渗透时间一般不大于 48 h，所以雨水花园内的植物需要具有耐短时水淹的特性。同时，在每一个雨水花园的内部要设置溢流井，将超过雨水花园设计标准的降雨溢流至市政雨水管网中。雨水公园滞水层深度 200 mm，砂土渗水层深 500 mm（渗透率不小于 10^{-4}），如图 5-20 所示，同时种植根系发达、耐砂质土壤、耐旱且耐短时水淹（24~48 小时）的草本和灌木植物。

（3）透水铺装

桥下步道采用透水沥青材料，停车场及部分活动广场采用透水砖，下凹地段采用砾石铺面。步行道铺装颜色采用灰色、棕色、米色等具有自然感的大地色系。标准段人行道透水铺装设计如图 5-21 所示。

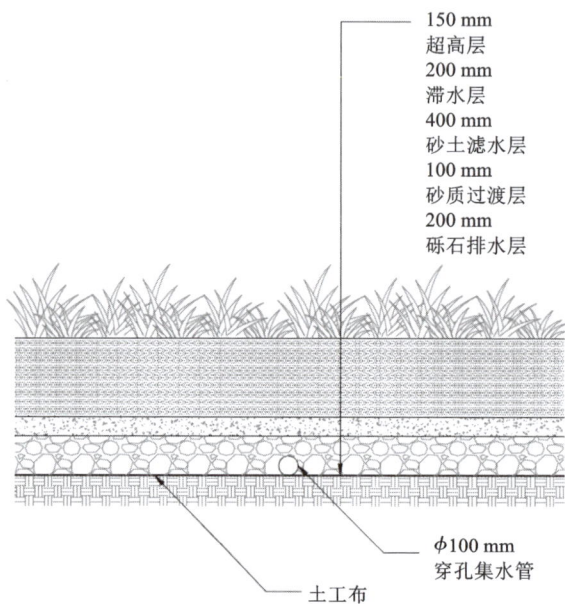

150 mm
超高层
200 mm
滞水层
400 mm
砂土滤水层
100 mm
砂质过渡层
200 mm
砾石排水层

ϕ100 mm
穿孔集水管

土工布

图 5-20　雨水花园设计图

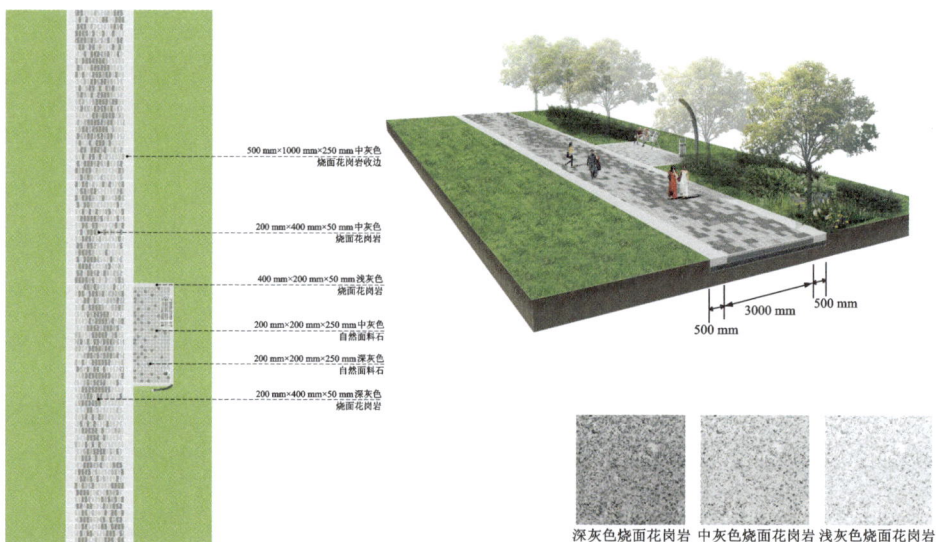

500 mm×1000 mm×250 mm中灰色
烧面花岗岩收边

200 mm×400 mm×50 mm中灰色
烧面花岗岩

400 mm×200 mm×50 mm浅灰色
烧面花岗岩

200 mm×200 mm×250 mm中灰色
自然面料石

200 mm×200 mm×250 mm深灰色
自然面料石

200 mm×400 mm×50 mm深灰色
烧面花岗岩

3000 mm
500 mm
500 mm

深灰色烧面花岗岩　中灰色烧面花岗岩　浅灰色烧面花岗岩

图 5-21　透水铺装设计图

3. 灯光设计

西丽—塘朗山段铁路扩建项目采用多种艺术灯光设计点亮桥下"灰空间"。灯具布置如图 5-22 所示。

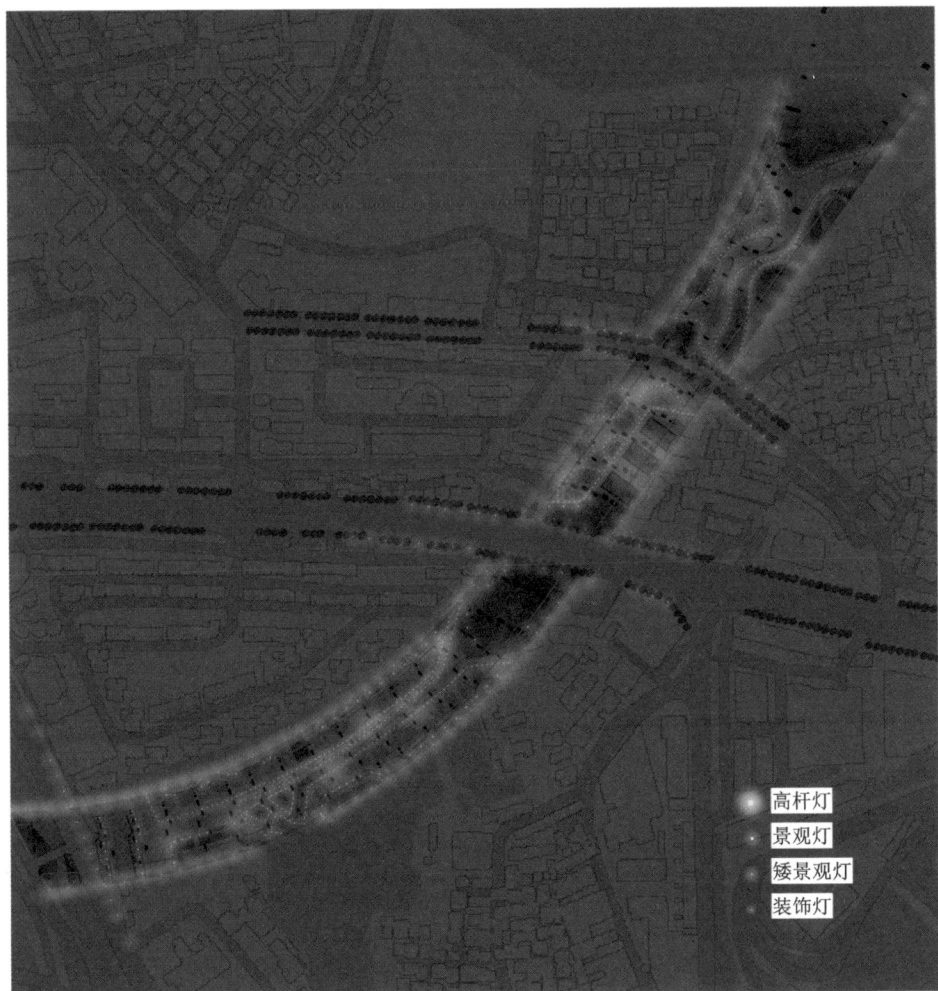

图 5-22　灯具布置图

桥下空间灯光设计整体以轻盈自然的风格为主，设置高杆灯、景观灯、矮景观灯、装饰灯等，如图 5-23 所示。照明方案实现虚实对比，重点区域合理提高亮度，周围灯光柔和自然，实现"见光不见灯"的效果。其中：高杆灯布置在广场及重点建筑周围直接照明；景观灯布置在 6 m 道路边，直接照明，规则布置；矮景观灯布置在次级小路边，直接照明，单侧布置；装饰灯布置在广场、树下、重点小节点处直接照明，单侧布置。

图 5-23(a)　高杆灯

图 5-23(b)　景观灯

图 5-23(c)　矮景观灯

图 5-23(d)　装饰灯

在桥下空间整体使用上述灯具造型的基础上，局部特色区域进行重点灯具造型设计。如图 5-24 所示，采用不锈钢结合亚克力材质等进行造型组合，呼应场地文脉和主题。

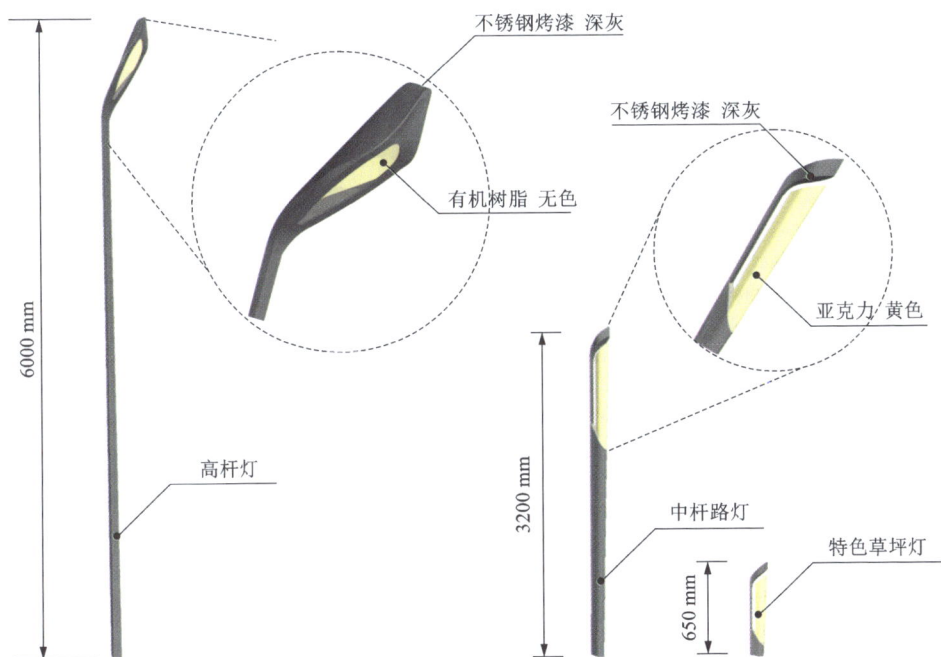

图 5-24　特色区域灯具设计

4.城市家具设计

为了提高桥下空间的便民性，在整体环境中设置具有特色的城市家具及指示系统，即设置休憩长椅、紧急求助报警柱、候车亭、垃圾桶及指示系统，为使用者提供全面服务。城市家具平面布置图如图 5-25 所示。

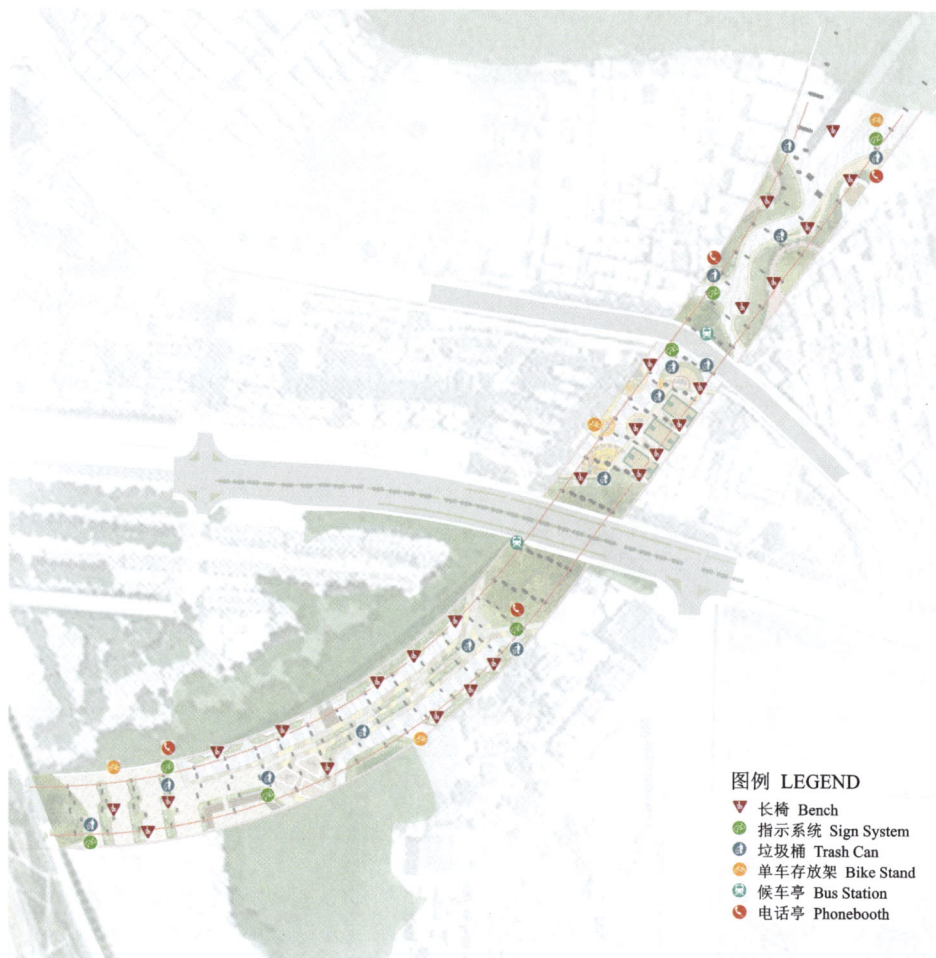

图例 LEGEND

▽ 长椅 Bench
● 指示系统 Sign System
ⓘ 垃圾桶 Trash Can
● 单车存放架 Bike Stand
● 候车亭 Bus Station
● 电话亭 Phonebooth

图 5-25　城市家具平面布置图

其中长凳设计共有两个方案：方案一，整体长度为 12.8 m（图 5-26）；方案二，设计同方案一，但整体长度减短为 5.1 m（图 5-27）。

单位：mm

500 mm宽包木

顶立面图

500

12800

500 mm宽白色条石
（顶面光面，侧面白然面）

侧立面图

380

500

正立面图

380

12800

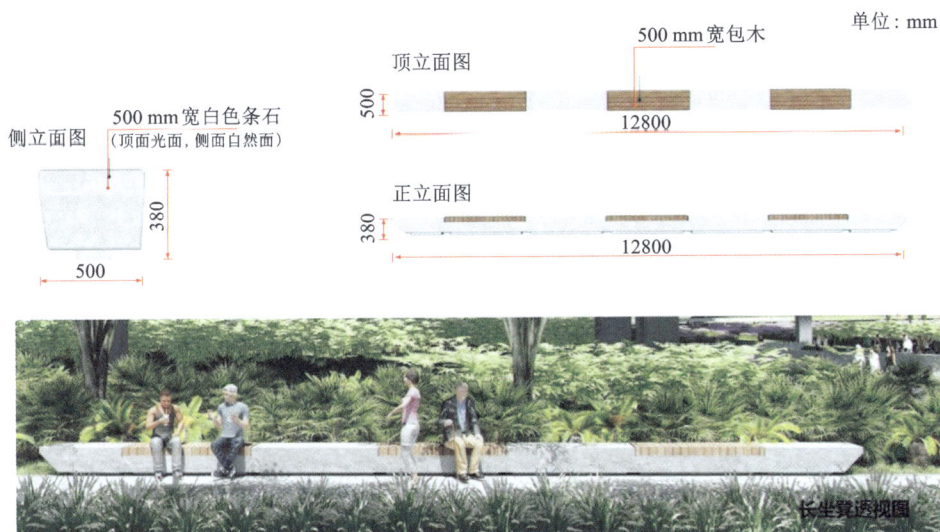

图 5-26　长凳方案一设计图

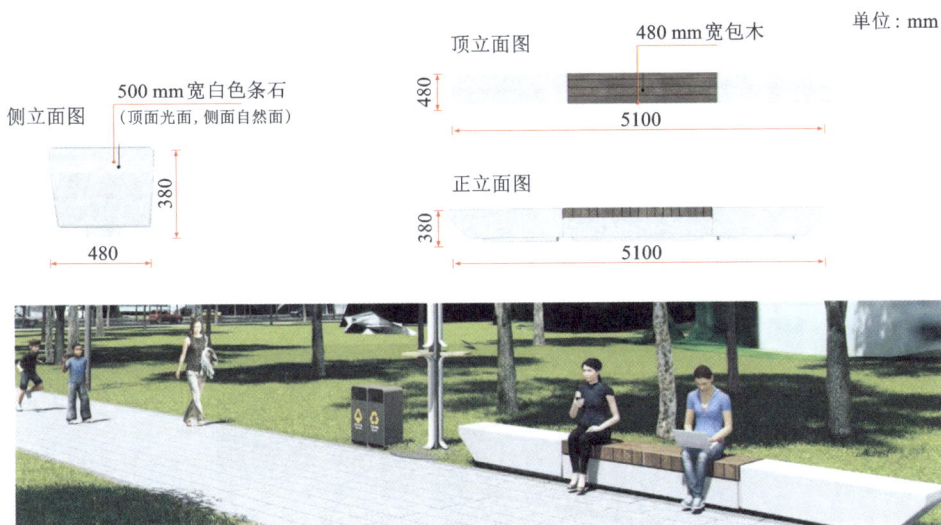

单位：mm

480 mm宽包木

顶立面图

480

5100

500 mm宽白色条石
（顶面光面，侧面自然面）

侧立面图

380

480

正立面图

380

5100

图 5-27　长凳方案二设计图

为了体现生态氛围，主要采用以木色为主的标识牌，同时以一些具有设计风格的亮色标识牌打破沉闷的桥下空间，提升人们的阅读兴趣，如图 5-28 所示。

图 5-28　标识系统意向图

5.智慧城市设计

　　桥下空间智慧城市设计是指社区信息中心收集并整合资源和信息，与移动终端信息共享，数据中心分析处理信息后，通过社区信息中心和移动设备反馈给使用者(图 5-29)。

图 5-29　智慧设施意向图

5.6　本章小结

　　本章主要介绍了轨道交通高架桥下空间的设计与利用。首先总体介绍了轨道交通高架桥下空间的几种利用形式，以及不同的城市空间分区适宜改造的方向，其次阐述了轨道交通高架桥下空间利用的六大原则——安全性、整体性、因地制宜、人性化、文化性和生态性，然后介绍了轨道交通高架桥下空间常用的隔离法、拆除法及改造利用法，最后分析了该采取怎样的策略来更好地利用轨道交通高架桥下空间。

基于上述总体思路，本章以西丽—塘朗山段铁路扩建项目为例，首先分析了该项目存在的问题，其次根据实际情况提出了桥下空间利用整体方案，最后详细介绍了桥下空间附属设施设计。西丽—塘朗山段铁路扩建项目桥下空间通过改造利用后，为高架轨道沿线的社区人群提供了运动场所及娱乐设施，成为一处独特且生机蓬勃的具有高度可识别性的城市空间。

参考文献

[1] 王苗苗.北京市高架轨道站点桥下空间利用研究[D].北京：北京交通大学，2021.

[2] 戴志中，郑圣峰.城市桥空间[M].南京：东南大学出版社，2003.

[3] 殷利华.城市高架桥下空间利用及景观[M].武汉：华中科技大学出版社，2019.

[4] PAROLEK D G, PAROLEK K, CRANFORD P C.城市形态设计准则：规划师、城市设计师、市政专家和开发者指南[M].王晓川，李东泉，张磊，译.北京：机械工业出版社，2012.

[5] 吴文杰.高速公路高架桥下剩余空间景观策略研究——以广深高速东莞段为例[D].广州：华南理工大学，2019.

[6] 张思颖.城市立交桥桥下空间的利用与设计策略研究——以西安市为例[D].西安：西安建筑科技大学，2013.

[7] 顾凌坤，陈冬红.对高架桥阴地的"强行绿化"的思考[J].科技资讯，2007(17)：48-49.

[8] 杨玥.城市"灰空间"——高架桥下部空间改造利用研究[D].杭州：浙江大学，2015.